帰って来たドラゴン

倉田保昭

Yasuaki Kurata

国際通信社 HD ／㈱ IED

我が友ブルース・リーに捧げる

帰って来たドラゴン●目次

第一章
日本
『雨と失意と帝国ホテル』——7

第二章
香港・マカオ
『イベー、人生、スタート!!』——29

第三章
香港
『激情』——83

第四章
台湾
『黒社会と、友の死と』——119

第五章
東南アジア・ローマ
『ドアを開けば』——201

●エピローグ●
あとがき——268
復刻に寄せて——273
著者出演作品リスト——276

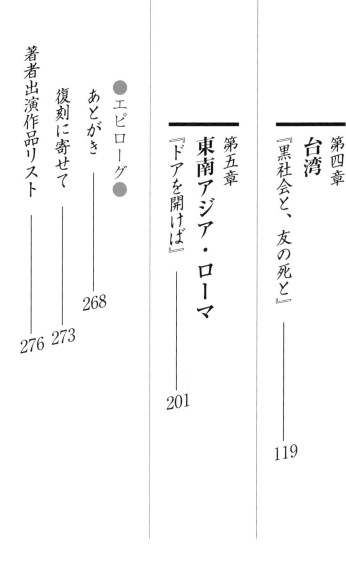

Reprint Ed.
Editing
◆
IED Co. Ltd.

Scene 1

『雨と失意と帝国ホテル』

～日本

チラリと見える小川ローザの白いパンティが日本中の男を虜にしていた一九六九年、俺は大学を卒業した。いや、卒業してしまった、という言い方のほうが正確だろう。

映画監督や映画スターになることを夢み、日本大学芸術学部演劇学科に入学したものの、時代は、一学生の溢れんばかりの向学心などおかまいなしに学園紛争へと突入。日大も他の大学の例にもれることなく、くすぶらせていた紛争の火の手を一気に燃え上がらせ、機動隊と学生とがもみ合う本格的日大闘争への展開を見せていた。

キャンパスや校舎は防護塀や鉄条網に覆われ、教室はバリケードの中、という状況にあっては、期待する学生生活など、もはやどこからも得られそうになかった。

その頃、アメリカはベトナム反戦運動と黒人たちによる公民権運動に揺れ、チェコは「プラハの春」と呼ばれる民主化運動の真っただ中にあった。フランスでは学生の反乱である「五月危機」をきっかけに全土でゼネストが実施され、中国は紅衛兵による文化大革命をより激しいものへと――まさに、時代そのものが音を立てて動いていた。

それと反比例して、俺の卒業後の進路選定は、世界一とも思えるほどにちっぽけな問題へと成り下がっていった。

そうして、〈モーレツ〉にさえない日々が始まるわけだ。

この一年半後に、香港映画界のスターとしての道が、突如、開かれることになるわけだが、もちろん、当時はそのことを知るよしもない。

1

一九六九年春。

俺は俺なりに規則正しい日々をスタートさせていた。

まず、昼の十二時に代官山のアパートにて目覚める。当時、故渥美清氏が住んでいたとして有名だった東急アパートが目前にそびえ立ち、情緒溢れた代官山の駅とは見事なほどにミスマッチした、木造オンボロアパートである。

その四畳半一間きりの部屋で、まだ眠りたがる体を布団から引きずり出し、六本木にあるコーヒーショップへと向かう。そこで、バーテンとして働き、夕方になると、近くにある中華料理店へとダッシュする。そこでは、ボーイとして深夜四時まで働き、始発電車が走り出すまでの一時間余り、眠気と疲労とをなんとかやり過ごし、朝の六時に帰宅。そして、一分たりとももらさじと布団の中に突進し、睡眠をむさぼる。そして、昼の十二時に起き……といったサイクルをほぼ毎日続けていた。

そんな、超忙しいスケジュールの中では、銭湯に行く時間などつくれようはずもなく、時折、思い出したようにして小さな台所に這いだし、だんご虫のように体を丸めて洗っていた。自分の姿に幾分かの情けなさを感じてはいたものの、これがなかなかの贅沢だったのである。ただし、水を部屋中にばらまいてしまって、階下の住人に怒鳴られてしまうこともしばしばだった。

また、こんなボロアパートのくせに、大家は妙にうるさい。家賃が一月でも遅れると矢のような催促をしてくる。それでも払わないでいると、人がトイレに入っている時でも督促するのだ。ドンドン……倉田さん、いるのは分かってるのよ……ドンドン……払うものは払ってもらわないと。

分かってますって、出すもの出したら払いますよ！

こんな暮らしをしていた当時から、俺は俳優だった。大学三年生の時、友人が東映撮影所の研修生への応募を勧めてくれたのが、俳優になったきっかけだった。

「お前は東映向きの顔をしている。応募すべきだ」

そいつは俺の顔をマジな顔でぐっと見つめた後、そう言い放った。

特に何をするでもなくぶらぶらしていたのを見かねてのことであろうが、その時、体の中のどこかにあるスイッチが押されてしまったことだけは間違いない。

心の奥深くにしまいこんであるけれども、実は誰かに突いてほしい所。そいつはそこを突いてくれたのだ。

小学生の時には『狂った果実』のラブシーンに目を見張り、高校生の時には『第三の男』のオーソン・ウェルズに男を見た。だから、大学では演劇学科・演出コースに進んだのであった。ところが、格闘技への情熱が、映画監督や映画スターにかける情熱を心の奥深くへと押しやってしまっていた。さらに、学園紛争のお陰で授業などどこ吹く風である。早く言えば、夢をすっかり忘れていたのだ。

情けない話だが、そいつの言葉で、

「おっ、そうだった、そうだった」

と、埃を払い払い、心の奥底にしまい込んでいた夢を取り出してきたといった感じなのである。そして、根拠はどこにも見当たらないのだが、なぜだか力強く響く

「東映向きだ」

との友人の言葉をよすがに、試験に出かけていった。

未来図は、見事なほどに真っ白だったもんだから、試験といえども堂々としたものである。結果、あっさり合格。

空手、柔道、合気道と、小学生の時から鍛えてきた体も見込まれたようだった。そして、同期の誰よりも早く役をもらえるようになった。

が、そこまでだった。

その高揚感も束の間に、チョイ役ばかり月に一、二本、たまに台詞があれば一言だけといった、〈売れない俳優〉パターンに陥り、アルバイトでがっちりと固められた、規則的な日々が始まってしまったというわけだ。

昼の一時にガッチャン、夕方六時半にガッチャン、そして七時

著者が日大合気道部に属していた頃の練習風景。

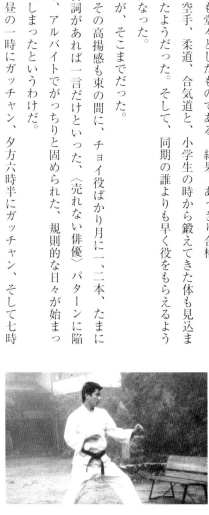

にガッチャン、深夜四時にも一つガッチャンといった具合に、重く響くタイムカードの機械音に、俺の毎日は支配されつつあった。

2

武道一筋、硬派で通してきたモサい男にとり、接客業は誰がどう分類しようとも、不得意分野に属した。なにしろ、硬派でいたいがために、大学の構内では女とは一言も話さなかったほどなのだから、まともに接客業が勤まるはずもない。

その俺が選んだアルバイトは、意外に聞こえるかもしれないが、六本木のコーヒーショップと中華料理店だった。

コーヒーショップのほうは、十人ほど座れるカウンターに、四人がけのテーブルがいくつか並ぶ何の変哲もないごく普通の店だ。

東大安田講堂で一月に起きた機動隊との攻防戦を皮切りに、二月に赤坂の米大使館、その後も、銀座、有楽町、新橋界隈で……と、東京のあちらこちらで、学生たちによるデモや火炎ビンが飛び交う騒ぎが起こっており、六本木の空気も、なんとなくざわついていた。

が、昼間の六本木には、夜の街だけが備えうる独特の静けさがあり、そのコーヒーショップも、他の六本木の店同様静かであった。客と共に入る、かすかな街のざわめきが、店内の空気を揺らすのを感じられるほどに。

そんな寝ぼけているような店でのバーテンだから、

「何にしましょ？」

と、無愛想な声でぼそっと注文を聞いていても、特に注意されることはなかった。

客が帰ると、カップを下げ、洗う。これも、もちろん、無愛想な人間であっても問題なくこなせる。

有線のチャンネルもその時々の気分次第といった節操のない店ではあったが、しばらく勤めるうちにこの店の持つ別の長所に気づくようになっていた。

それは、建物が南を向いており、日中はほぼ陽だまりにあったということだ。

なにせ、深夜四時まで働き、夜の明けきらないうちに帰宅し、昼間の十二時だというのに、陽の全く差し込まない暗いアパートの一室で目覚める人間だ。俺が植物であれば、

「光合成をさせてくれてありがとうございます」

と、涙ながらにマスターに語り出していたことだろう。

そんな人間が、昼の間も地下のコーヒーショップで働くことになっていたらと思うとぞっと

する。この後しばらく続くことになる不遇の日々は、よりいっそう暗澹としたものになったことであろう。

巷では、ある化粧品会社が「スポーツやレジャーのあとのように色黒く、カッコよく」と、男性向けにオシロイならぬオクロイを発売、それが飛ぶように売れていた。また、初めて、日焼けサロンを訪れる男性客が女性客の数を凌いだ年でもある。自然、紫外線の価値は今より上にあり、夜行性の人間にとっても、この店での陽だまりの時間は大切であったわけだ。

ふっと客足が途絶えた時などに、カウンターの外に出、陽のよく当たるポイントに移動する。フォークやグループサウンズの世界に身を浸しつつ、未だ開けずにいる将来への道を、猛スピードで突っ走っていく自分を夢想したものである。

3

そして、夕暮れ。

その日、三つ目のガッチャンを鳴らすべく、二軒目のアルバイト先である、中華料理店に向かう。

この時間、六本木は夜の街としての粧いを始める。はじめはゆっくり、そして、仕上げは手早く。どこからともなく人も集まり始め、次に気づいた時には、決まって、ネオンも美しく、完璧な夜の六本木の顔が出来上がっていたものだ。

そんな、街の目覚めと共に店に入る。通りに面した全面ガラス張りの店ゆえに、店内から溢れる妙にオレンジがかった明るい光は遠くからでもよく見えた。客がこの店にふらりと入ってくる様子は、まるで、虫が水銀灯についつい引き寄せられてしまったかのようだった。

飲む前の腹ごしらえに。飲んで帰りの酔い醒ましに。深夜の仕事の合間の腹慰みに。

と、店には、いつも様々な種類の人間たちが溢れていた。

ここではボーイとしてフロアに出る。接客業は不得意なはずだったが、深夜ということでつく割高のアルバイト料金にしばし己を忘れ、結果、そこで働いていた。

なにしろ、ひと月の総収入が一万八千円。うち、アパートの家賃で月八千九百円が確実に消え去る。残り九千百円も、この頃の物価高の下、実にあっけなく消え去った。

この翌年には、

「千円札一枚持って夕食の買い物に行っても、使いでのないこと……」

と嘆く、主婦たちのデモが自然発生したほどだ。

俺も、寝に帰るだけとはいえ、アパートの一室を維持していかねばならない主夫であり、そして何より、セールスポイントであるこの体を維持していかねばならない俳優である。「硬派だ、無愛想だ、シャイだ」などと言って、割の良いアルバイトの話を断ってなどいられない状況に置かれていたのだ。

日大芸術合気道部「鬼の副将」として、後輩たちに恐れられ、時には後輩の骨をへし折ってしまったことさえある俺が、たかだかアルバイト選びに、ここまであれこれ思いを巡らせていたとは、いささか滑稽ではある。

が、始めてみれば何のことはなかった。

店のオヤジというのが、こちらのはるか上を行く、実に無愛想な人間なのである。この店で働いていた約一年半の間、ついぞ笑顔を見ずじまいであった。

店主がこんなだから、従業員に〈スマイル〉を要求するようなことも決してなく、昼に続いて硬派の顔でのびのびと働けた。今思えば、このおやじが、世の中広いものだと実感させてくれた最初の人物であったのかもしれない。

そして、この苦虫を噛みつぶしてしまったかのような顔して作られたおやじのラーメンが、絶品であることにも大いに驚かされた。無理して表現しようとすれば、脂っこくてしょっぱい、という表現になろうか、とにかく独特の味を持つスープと硬い麺は、一度食べると癖になった。きっと、あれが、何年もの間じっとこらえて苦虫をかみつぶし、仏頂面を通した人間にのみ、出すことを許される味なのだろう。

このうまいラーメンと、当時まれな深夜四時までの営業時間とで、無愛想な主人とアルバイターがいても、店は大いに繁盛していた。

そんな客たちの中で、一際目立つ一群があった。

近くのテレビ局から来る人間たちだ。

夜遅くまでの営業とあって、店のお得意の中には、芸能人や有名人が多かった。疲れたような表情を浮かべていても、そして、この店の妙なオレンジ色の灯の下にあっても、彼らからはそれぞれ華やかなオーラが感じられた。

こちらにとっては、それがたまらなく眩しく、羨ましかった。かといって、特に打つべき手も思いつかない。

「いつの日か、必ず」

などと、店の奥で息巻いてみるものの、スクリーンならず、店の窓に写し出されるのは、生活に追い回され、ただ手をこまねいているしかないみじめな姿なのだ。

そう、彼らとの間に、ラーメンを挟んで存在する分厚い壁を、ただ感じ続けねばならない日々がこの後も続いた。

ところで、この店には、可愛い後輩たちもよくやってきた。

お得意である。

たとえ、その金が俺の給料から引かれようとも、店にとっては関係のないことだから、やはりお得意と言うのだろう。それは、大体において以下のような経過をたどった。

練習直後の猛烈に腹をすかせた奴らが、ぞろぞろと店の中に入ってくる。誰が何と言おうと、彼らは大学時代に友人たち数人で創った合気道部を、現在もり立ててくれている愛しい後輩たちだ。やはり、元副将としては、彼らが来てくれるとわけもなく嬉しい。

「さあ、好きなだけ食べろ、遠慮するなよ」

無意識のうちに、こんなセリフを発している。

頼まれてもいない料理を出してみたりなんかもしている。彼らも、そんな性格を知ってか知らずか、まあよく来、よく食べた。

なにしろ、育ち盛りの、食い盛り。しかも決まって激しい練習の後とあって、一時間とたたぬうちに、目の前にはうずだかく積み上げられた空っぽの碗と皿、そして、満足気に微笑む彼らの笑顔が並ぶ。

「ごちそうさまでした！」

「美味しかったです！」

「こんなにうまいものを食べたのはひさしぶりです！」

なんて、口々に礼なんて言われるともういけない。

「そうか、そうか。腹をすかしていちゃあ、合気道なんて上達するわけないからな。また、来いよ。腹一杯食わしてやるからな」

ついついそんな言葉を口にしつつ、笑顔で送り出してしまうのだ。

そこで決まって、いつも変わることのない苦虫おやじの声が俺を追ってくる。

「倉田君につけとくよ」

とりつくしまもない、という言葉の最良のお手本はここにあったのか、と思えるほどに、その時のおやじの表情はつるりとしたものであった。

ともすれば遠のきがちな意識をなんとかたて直し、

「ええ。もちろんです」

とかなり無理して答え、勘定書をおそるおそる計算する。それがまあ、いつもいつもドーンと応える額であった。

育ち盛り、食い盛りの野郎共が揃ったのだから無理もない、勧める自分も悪いのだ、なんて思いつつも、奴らがひと月の収入の六割、つまり、家賃を遙かに凌ぐ一万円分のラーメンやら餃子を胃袋の中に収めたのにはさすがにまいった。

「あーっ、なんで『また来てくれ』なんて言っちまったんだろう」なんて後悔しても後の祭り。底なしの胃袋を相手にした後には、決まって両親に借金を無心しなければならなかった。

いや、充分すぎるほど情けないことは分かっている。しかも、

「近所のともちゃんは、初任給でお母さんにブラウスを買ってあげたらしい、浩二君は、なんとバラの花束だったよ」

などという話題が、近所のおばちゃん連中の井戸端会議で取り沙汰されている頃合いだ。そんな話題に沸く町内をずんずんと抜け、借金を申込みにいくこの辛さ。肩身が狭いってもんじゃない。

「高い学費出して大学まで出したんだよ。何かちょうだいとは言いません。その代わり、もらいにもこないでちょうだい」

とおふくろにチクチクと責め立てられるのだ。もちろん、至極もっともなので、反論の余地は一切ない。それを承知で、おふくろは自分の着物を質に入れ、カスカスの懐からなんとか金を絞り出してくれる。

たまったもんじゃない。

その帰り道には、必ず激しい自己嫌悪が待ち受けていた。

「ひょっとして、俺にはこのまま一生、チョイ役しかまわってこないんだろうか。このまま一生、親の面倒も見られないのだろうか」

いや、あるいは――そろそろ潮時かもしれない。いつまでも売れない俳優を続けていたって仕方がない。親にこれ以上、迷惑をかけられないものな。

だが、何をする？　何の取り柄もない男に、まともな職など見つかるはずもない。そう思うと、目頭が熱くなるのを抑えられなかった。

しかし、今の自分にはこの生活を続けるより他、ない。

4

一九六九年、夏。

七月二一日、アポロ十一号の快挙に世界中が沸いた。この年、地球人からの親しげな視線に月は大いにとまどっていたことだろう。

空気も水も、そして餅をつくうさぎも、かぐや姫もいない『死の世界』であることが、証明されたわけだが、それでも、人々はこの人類の歴史的快挙に興奮し、月を何度も見上げた。

アームストロング船長が、月面に左足を踏み込んだ午前十一時五六分には、テレビの視聴率が九五％にまで上った。東京オリンピックの入場式を観ていた人々を凌ぐほどのおびただしい数が、この「世紀の瞬間」を見つめていたことになる。

「一人の人間にとっては非常に小さな第一歩だが、人類にとっては巨大な飛躍だ」

船長がまた気の利いたことを言う。

なにせ、テレビが各家庭に普及し、人々が迎え見た世紀の瞬間だ。その衝撃たるや、とてもじゃないが、最近の事件に類を見ない。

街頭のテレビの前は、人、人、人。

俺も、コーヒーショップのテレビの前で、感動の渦に包まれた。この時ばかりは、腹の底から興奮した。

「おい、月だぜ、月」

ってなもんである。

が、そこから先がいけない。

素直にこみ上げた、船長への畏敬の念は、日々悶々としている不遇の若者の心には、そう簡単に納まってくれないのだ。相も変わらず、六本木と代官山の間を往復し、コセコセと生活費を稼いでいる身には、彼のカッコよさがこたえた。

宇宙飛行士と言えども、彼はまぎれもなく大スターであったから、おかしな話だが、彼に妬いていたのであろう。同時に、一向に変化の兆しのない毎日の生活に、苛立ち、少々ひねくれ始めていたようだ。

たまに、オーディションの話が舞い込んでも、着ていく服がない。

きれいに日焼けした肌。

MG5やバイタリスといった整髪料できっちり整えられ、ほんの少し後ろを長めに残した最新のヘアスタイル。そして、『男子専科』から抜け出してきたモデルのように、ぴしっとスーツで決めた他の受験者たち。

そんな中で、一人ジャージ姿なのだから、そりゃあ、ひねくれもする。

中には、東映や日活が盛んに打ち出す、ヤクザ、任侠路線を狙い、筋骨隆々の肉体を誇示するかのように、タンクトップ一枚で颯爽とやってくる受験者もいた。

が、俺はといえば、日々の生活に追われ、柔道、空手、合気道と格闘技で鍛えてきた体がなまっているのを、いやというほど痛感している身。とてもじゃないが、タンクトップ姿で体を誇示してみせようといった気持ちにはなれなかった。

オーディションというハッタリの場で、この不器用さだ、当然、不合格が続いた。

そんな、鬱々とした俺をよそに、この夏、巨人の王選手は絶好調であった。ホームランの数を順調に伸ばし続け、夏が終わる頃には、すでに三十本を超していたと思う。

仏頂面のおやじと、すねている俺、そして、ナイター中継で大いに盛り上がる客たち。

一九六九年の夏は、この三点セットと共に過ぎ去った。

5

一九七〇年八月、その日は朝から雨がしとしとと降り続けていた。

運命の時は、意外なところからやってきた。

香港である。

「東南アジア最大の映画会社、ショウ・ブラザーズの社長が来日しており、帝国ホテルに滞在している。空手ができる無名の俳優を捜しているということだ。お前、行ってこい」

と、俳協（俳優生活協同組合）のスタッフから連絡があったのは、一週間ほど前のことだった。

「あの国で映画などつくっていたのか」

と内心少々驚きつつ、それでも面接の準備にとりかかった。

今回ばかりは、

「海の向こうからやってきた社長に、いくらなんでもお前、ジャージじゃ失礼じゃないか」

との友人の忠告に従い、彼の背広を着ていくことに決めていた。

が、せっかく貸してくれた背広であったが少々きついのだ。

鏡に写る自分の姿を眺め、

「これじゃ、誰が見ても一目で借り物だと分かるだろうな」

と苦笑いしてしまうほどに。それに、真夏だというのに、冬物なのである。

しかし、俺の器、その中でなら精一杯の力を発揮できるといったより大きな器を求め、いざ、帝国ホテルへと向かった。

オーディションは二時からだったが、毎日の習慣に則り、一時からのアルバイトに向かうのと同時刻に、代官山のアパートを出ることにした。よって、日比谷駅近くにあるホテルには、かなりの余裕をもって到着した。

当時、この帝国ホテルは、「近代建築の最高傑作」とも呼ばれていたほどの壮麗な建物。ともすれば、小さめの背広に自信を絞りとられそうな己を鞭打ち、のっしのっしと初めて入る大ホテルへと前進あるのみだ。

「いじけるな。アピールすべき点は、きっちりアピールするんだぞ。空手の腕を見る目がある社長なら、もう通ったも同然じゃないか。よぉし、気が狂ったかと向こうが慌てるほどの、激しい空手技を見せてやるからな」

などと作戦を練り練り、指定されたホテルのコーヒーショップの前に立った。

が、その五分後には、面接は終わっていた。

コーヒーショップで待ち受けていたのは、ショウ・ブラザーズ社の社長、サー・ランラン・ショウ、そして、ショウ・ブラザーズ社の東京事務所の人たち数人である。

彼らは、せっかくの意気込みが萎えてしまうかと思われるほど、ゆったりとした雰囲気の中、コーヒーを飲み、談笑していた。

サー・ランラン・ショウは、その楽しげな名前同様、大きな額と、その下の可愛らしい目とが印象的な人物であった。座っていたのでよく分からなかったが、小柄な人物のように見受けられた。

が、彼は、挨拶の際に、ちらりと目をこちらに向けただけで、結局何の質問もせずじまいであった。

面接は、空手のポーズをとってみせることも、

「左何度の顔を下さい、次は右何度。はい正面もいただけますか」

などといったカメラテストを受けることも一切なく、あっさり終わった。

チョイ役とアルバイトで過ごしたこの一年半の悔しく情けない思いを、気合充分の空手技へと昇華させてやろう。背広がびりっと破れたら、あいつにあやまらなくっちゃな、といった気遣いは全くの無用に終わった。

「また、駄目か」

ピシッと決めた他の受験者たちが待ち受ける中、とぼとぼと来た道を帰る。すでに、心はダメージをやわらげるべく、不合格受け入れ態勢をけなげにも整え始めている。こっから先は慣れたもんだ。

それから一週間後。捨鉢な気分も手伝って、オーディションのことなど忘れ始め、いつもの平穏な日常に戻っていた俺は、予想もしなかった知らせを受け取ることになる。

「オーディション合格。すぐに二週間の予定で香港に飛んでほしい」

合格？　あのオーディションで？　日本の映画会社のオーディションでは箸にも棒にもかからなかった俺が？　なんで？

まず、ある種の恐慌状態に陥った。

続いて、「何かの間違いじゃないか」と、安堵と落胆が混ざった感情がやってきた。

そして、「間違いなら間違いで大いに結構。香港で暴れてきてやろうじゃないの」と、妙に開き直り、そそくさと荷造りを始めた。

これが、俺の「小さな第一歩」であり「巨大な飛躍」となった。

Scene 2

『イベー《READY》、人生、スタート!!』

〜香港・マカオ

1

タンクトップにベルボトムのジーンズ。そして、着替えと洗面道具一式が入ったかばんを手に、香港の啓徳空港に降り立った。

一九七〇年、秋のことである。

二週間の撮影予定ということで、特に詰め込むべき荷物もなく、初の空の旅を無事終え、心は多分に湿気を含む空気の下とはいえ、ともすれば浮き立ちがちであった。

オーディション合格の電話を受けてから、はや約一ヵ月が経過しようとしていた。

初のオーディション合格通知とはいえ、それが国外、しかも、本当に映画などつくっているのだろうか、と少々の疑念を抱きたくなるような国からの知らせとあって、これまでの一年半にわたる我が身の不遇を思い感涙にむせぶようなことなども一切なく、ただ淡々と目の前にある香港行きの準備に取りかかった。

が、香港へ出発する直前ともなると、大いに血が騒ぎ始めていた。

というのも、この香港行きの話を受けることによって、標榜する生き方――とにかくまわりの奴からはみ出して生きる――をそのままに実践できることに気付いたのだ。

アンチ・ロマンにアンチ・テアトルといった具合に、頭に〈アンチ〉がついていれば、先端を行っているような気がする時代ではあったが、俺はそんな中でもひときわ、アンチでありたいという意識が強かった。

学園紛争など反体制運動に没頭するといったタイプの人間ではなかったが、それでも常に〈アンチ日本の若者〉でありたいという意識を抱いていた。それゆえ、機会あらばできるだけ大きくはみ出してやろう、日本の平均的若者がたどる人生をなぞるような生き方だけはすまい、と考えていた。

つまりは、香港での映画撮影は、このような大志を抱く若者にとって必須条件とも言える、貴重な海外体験を送らせてくれるであろうことに気付いたのだ。

また、この頃、物価高に伴う平均所得の向上と、外貨持ち出し制限の緩和が、香港への海外旅行客数を爆発的な勢いで伸ばしていた。

なのにだ。

香港映画の存在を知る一般人が、皆無といってもよいシチュエーションにも大いに心を動かされた。自分自身一度も香港映画を見たことがなかったし、そしておそらくオーディションのあることを知らせてくれた俳協のスタッフたちも見たことはなかっただろう。

以上のような理由から、この香港行きに大いに乗り気になった俺は、かばんの中身だけでなく、香港映画界に関する予備知識も、日本から付き添ってくれる人間もいない、といった、かなりの身軽さでもって、日本をはみ出すべく飛行機に飛び乗ったのであった。

2

機内では大いに盛り上がった。

飛行機に乗るのが全く初めての人間にとって、空港での一連の搭乗手続きは胸高鳴る楽しい体験であり、何だか偉くなったようで、ふんぞり返るようにインド航空の飛行機に乗り込んだ。

まずは、機内にムワッとこもる東南アジア全域からの匂いの洗礼を受ける。中でも、インド航空ゆえ、カレーの匂いを真先にかぎ分けることができた。香港到着後も、香港がイギリス領土である関係から、イギリスと関係の深いこのインドの匂いに思わぬ所でよく出会った。まず嗅覚によりインド人ゲットーの存在を知ることになるのだが、日本にいながらにして、という意味では、ここが最初のその思わぬ所となったようだ。

そして、迎えた離陸の時。

スチュワーデスたちが盛んに腹の周りを指し示しつつ通路を過ぎ去る姿に、他の乗客たちに遅れをとること数分、シートベルトを締めるべきことに思い当たったまではよかったのだが、これが、どうしたことか一向にはまらない。他の乗客の見下げるような視線を感じ、あせれど、あわてど、はまる様子は全くない。

スチュワーデスたちが俺を取り囲み、何やらわけの分からない言葉を交わしながら、俺の腹の辺りをこねくりまわした結果、俺は最後尾の席に連れて行かれることとなった。

サリーをさわさわとなびかせ、颯爽と歩くスチュワーデスの後ろを、トボトボと歩く姿はどうしようもなくどんくさい男に見えたことだろう。

スチュワーデスに見守られつつシートベルトをカチリとはめ、そして再び彼女が俺のもとをさわさわと立ち去ってから間もなく、ようやく約四時間の空の旅が始まった。

機内は、無性に暑かった。

離陸前から、慣れない異郷の匂いの中に置かれているのに、その上に、冷房が一向に効かないもんだから辛いのなんの。きっと離陸後には、ぶぁーっと冷房が快調に作動し出すのであろう、といった淡い期待は、いつまでたっても現実のものとはならなかった。

それどころか、事態はさらに悪化していくのだ。

密閉された機内で発生した乗客たちからの熱気と体臭とがブレンドされ、息苦しいほどの暑さに襲われることとなったのだからたまらない。格闘技で鍛えた体をアピールするはずの俺のタンクトップは、流れ出る汗の下、奮闘むなしく、あっというまに飽和状態を迎え、たちまち、そんな使命はどこへやらといった感じの、見苦しいただの布切れになり果てた。

じっとりと湿気を含んだ暑さ、さらには、隣り合って座っているというのに、まるで十メートルほど離れた所にいる人と話しているかのように大声でしゃべり続けるアジアの人々のパワーの中で過ごす羽目にも陥ってゆく。

そんなこんなで、ようやく飛行機が着陸態勢に入った時には、すっかりよれよれになってしまっていた。

眼下に見える香港島が、どんどん大きくなってゆく。陽光をキラキラと反射させて輝いているヴィクトリア湾に、思わず目を細める。そして高層ビル群！　上空から見えた香港は、予想以上に都会で、そして活気に溢れているように思われた。ここでなら、いい映画ができるに違いない。そしてその映画に、自分も出演するのだ――そう考えると、ますます目が細くなった。

するとその細くなった目に、いきなり高層ビルが飛び込んでくる。白日夢から醒めるのには充分すぎるほどの驚きだった。何事が起きようとしているのかを知るために、カッと目を見開く。間違いない、飛行機は確実に高度を落としながら市街地へ突っ込もうとしているのだ！

しかも、乗客はそれに気付いた様子がない。

「ぶつかるぞッ！　みんな気を付けろォ――――ッ！」

乗客はパニックに……ならなかった。

乗客は悲鳴を……あげなかった。

無言で冷ややかな視線を送ってくる乗客が、そこにいただけである。

強烈に冷たい視線のおかげで、すぐに自分を取り戻すことができた。飛行機は墜落していたわけではない、ビルの立ち並ぶ市街地にある啓徳空港に着陸するため、高度を落としただけのことだったのだ。

ようやく飛行場が見えてきてホッとしたものの、飛行機で街並をすぎゆくという、まるで映画のワンシーンを彷彿とさせるような体験が、神経を休ませてくれようはずもない。飛行機の窓外を、街の看板の巨大さも手伝って、まるで電車で街を走っているかのような景色が過ぎてゆく。

と、その時、機が大きくガクンとつまずいた。そう、空を飛ぶ飛行機ではあるが、つまずいたのである。

一瞬にして、機内に乗客たちの緊張感が漲った。先ほどまで、俺のことを冷たく睨みつけていた彼らも、今度ばかりは、さすがに激しく動揺しているようだ。

「何だ?」

皆よりひと足早く警戒態勢に入り、そして、抜け出ていた俺には、今回の揺れには妙に冷静な反応を示した。

が、飛行機にとってはしゃっくり程度だったようで、その次には何事もなく無事、着陸を終え、ヴィクトリア湾に向かっての滑走を始めていた。

どこからともなく拍手が起こり、やがて、機内がその渦の中へと包まれていったのは、そんな時だった。その後、乗客たちは、俺一人を放ってすましていた面々とは思えないほどの異様な盛り上がりを見せてくれたのだ。

ピュー、ピューといった口笛の嵐。そして、百メートル先にまでも聞こえそうな歓声。機内は沸きに沸いた。

その盛り上がりようといったら、まるで素晴らしい芝居を見終えたばかりの騒然とする客たちそのものであった。

「なるほど。飛行機が着陸を無事終えた時には、乗客一同で拍手をするものなんだな。今日は一瞬ひやっとさせられた分、よけいに盛り上がっているんだな」

と考えたほどだ。そして、

「体操の選手が見事、着地を決めてみせた時同様、皆で機長を褒め讃えるもんなんだな。なかなか気持ちのよいひと時じゃないか」

と、すっかり気に入ったりなんかもした。

この後もしばらく、そう信じていた。

3

機内での一抹の不安と異様な熱気とを乗り越え、香港に降り立った俺を待ち受けていたのは、やはり、同様の不安と熱気、そして、いささかの幸福感であった。

降りる人の流れに乗り、イミグレーションと通関とを通り抜け、わけも分からぬままに、ようやく出口の小さなホールにたどり着いた俺に向かって、あろうことかカメラのフラッシュがたかれたのだ。それも、一つや二つでなく、かなりの数である。

ぽかんとしている俺に、激しい調子の言葉が浴びせられ、次々にマイクが突きつけられる。

まるで皆に怒られているみたいだったので、ぼんやりしつつも、頭の中では、機内で怒鳴ったことがそんなに悪いことだったのだろうか、などと、罪になりそうな過去の行いが走馬灯のように巡っていくのであった。

そんな中、すっと俺の前に歩み出てきた男が、

「ようこそクラタさん、お待ちしていました」と、理解できる言葉、つまりは日本語で話しかけてくれた。

少しほっとして、香港での唯一のとっかかりである彼が、空港内の一室へと入っていくのを仰ぎ見るようにして、トコトコとついていった。

室内のマイクがセットされた机と三十脚ほどの椅子に、テレビで見る芸能人なんかの記者会見用の部屋であるらしいことが見て取れる。そこで、どうやら俺の記者会見が行われるようなのだ。

そんなこと寝耳に水である。

一体、どこをどのように間違えば、「男おいどん」そのままの生活が繰り広げられている四畳半一間のアパートからはい出てきたばかりの男を、スターのように扱えるのだろうか。

今にも夢のごとく消え去ってしまいそうな状況設定の下、どうやら現実に起こっていると信じてもよいかなと思えるあたりまで会見は進行していった。

「今までに出たアクション映画は？」

「香港での撮影予定を」

「得意とする格闘技は？」

「香港の第一印象をお聞かせ下さい」

記者たちは次々に質問を繰り出す。

迷子が、お巡りさんにあれこれ聞かれ、ただなんとかしてもらいたい一心で、懸命に答える、といった感じの会見であった。が、迷子の場合は、手繰り寄せるべき記憶があるが、俺には〈日本のスター〉としての記憶がどこにもないので、どうにも苦しい。

そんなふうに、なんだかやましいものだから、自然、やや猫背気味の、スターらしくない会見となっていく。

しかし、俺の歯切れの悪い答えに、通訳が適当に尾ひれでもつけてくれたのだろう。しどろもどろする俺をよそに、会見は適当な笑いと驚きとをまじえつつ、なぜだか滞りなく終わってしまった。

そして、翌日には、

「日本のスターは、飾りっ気がなくて礼儀正しい、非常に真面目な好青年」

といった、記者たちの印象が添えられ、俺の来港が報じられることとなる。

後半部分はまるっきり嘘ではないにしろ、飾りっ気がないのではなく、飾りたくても飾る余裕がなかったのだが。

4

記者会見が終わると、撮影所へ案内してくれるとのこと。通訳と二人で空港の外へ向かう。「せっかくだから、甘えさせてもらおうか」なんて感じで、先ほどよりは幾分胸を張り、スターとしての扱いに恐る恐る身を委ね始めたところだったが、それは時期尚早というものであったようだ。

なんと俺を迎えるべくやって来たのは、小さな石ころを踏んづけても、横転してしまいそうな、大きな荷台が左右に激しく揺れるトラックだったのだ。それも、キーキーギャーギャーというかなり耳障りな音を響かせている。

撮影用の機材を詰め込む業務用トラックであったのだろうが、重心となる機材を載せていないもんだから、頼りないことこの上ない。

先ほどの記者会見での扱いとのギャップに、

「まるで、からかわれているみたいだな」

と苦笑しつつ助手席に乗り込む。

そして、これまた「スター」を乗せているとは誰も気付くまいといった激しい運転に身を任せ、撮影所に到着したのはちょうど夕暮れ時のことであった。

香港島の中心にコンパスの針を置き、啓徳空港から四分の一周右に回転させた辺り、直線距離にして約十二・五キロ。つまりは、大陸の果てしなく先端部の清水湾沿い、街から車で四、五十分ほど走った山の中にショウ・ブラザーズ・スタジオはある。

しかし、一つの町かと見まがうほどの威風堂々たる様は、俺が香港映画に対して抱いていた疑念を一瞬にして吹き飛ばした。

入口へ向かって伸びる道路の両脇には、名も知れぬ真っ赤な花が咲き乱れ、そのところどころ、あたかもペンキを落としたかのように、鮮やかな黄色を放つ花が重なり合っている。

その時の感動は、恐らく、目の前に忽然と現れた龍宮城に驚く浦島太郎のそれとあまり変わらなかったことだろう。

5

このあたりで、これから徐々に知ることとなる、香港映画界の歴史とあわせ、簡単にショウブラザーズ社について紹介しておこう。

そもそも、香港映画が実質的スタートを切ったのは一九一三年。

一九三七年に勃発した第二次上海事変から、一九四九年の共産党政権が樹立するまでの間、香港には、映画の都・上海から多くの優れた映画人が脱出してきた。後の極東最大の映画都市・香港の礎は、彼らによって築かれることとなる。

そのため、一九五〇年代は、北京語映画と広東語映画との競合期となり、両社共に、スターを起用しての激しいキャンペーン合戦が繰り広げられた。

そして、一九六〇年代。

衰退してゆく広東語映画に対し、北京語映画はその豊富な資金力を存分に活かし、住民のほとんどが広東語を話す香港にありながら、映画を一大産業として立派に成立させていく。北京語映画陣営にあったショウ・ブラザーズが、めきめきと頭角を現し始めるのは、このすぐ後だ。

現社長で、ショウ兄弟の四男である、ランラン・ショウは、若い頃、長兄の経営する上海の映画会社で活躍するカメラマンであった。

そんな彼が、三番目の兄と共に、シンガポールやマレーシアといった南洋への興行活動を始めるようになり、母体となる映画会社を、約三十年をかけて、百以上の映画館や大型娯楽施設を含むレジャー産業、不動産業を擁するビッグ・カンパニーへと育て上げてみせたのだ。

が、香港を拠点とした映画製作を行っていたのは、ランラン・ショウではなく、二番目の兄であった。この二番目の兄は算盤を考慮しすぎる性分であったようで、思い切った大作を創り出すことができないでいた。そのため、同じ頃、勢いに乗るMP&GI社にいつもおされ気味であった。

そこで、兄弟一経営手腕に秀で、その上、元カメラマンということで映画づくりに通じていた、四男ランラン・ショウが兄を助けるべく、香港での映画製作に乗り出したというわけだ。

結果、ランラン・ショウは、兄弟たちの期待に見事に応え、MP&GI社に先じ次々と大ヒット作を打ち出し、会社の経営態勢を立て直してみせた。

さらに、その勢いを加速させ、元々はMP&GI社の十八番であったミュージカル映画にも果敢に挑戦（六七、六八年）。服部良一、井上梅次といった日本人スタッフの助力もあり、ショウ・ブラザーズ製作による本格的ミュージカル映画を作り上げてもみせた。

そうして、一気に香港映画界の盟主となったショウ・ブラザーズが、次に取り組んだのが「新武侠映画」であり、これからようやく俺の出番となってくるわけだ。

この新武侠映画は、迫力ある剣戟、格闘シーンとで、香港の観客をあっという間に魅了し、一代ブームを巻き起こしていたのだ。

これまで、どちらかというと女性優位であった香港映画だが、この新武侠映画の登場によって、男性の勇ましさを前面に押し出したものへとがらりと変わった。その点が、香港の観客たちには大いに新鮮に映ったようだ。

一九六〇年代中頃のことである。この時期ショウ・ブラザーズは、日本、韓国といった各国から盛んに武芸に秀でた俳優たちを招いており、新人育成にも積極的であった。

また、この新武侠映画からは、六〇年代における日本の東映任侠映画の影響も多分に見て取ることができる。

空港での記者会見、二週間だけの契約期間など、俺が一人前の俳優として招かれたのか、はたまた育てるべき新人として招かれたのかは定かではないが、ともかく、日本人の全くの関心外にあった香港映画界に飛び込んでみれば、そこには、これほどに華麗な歴史を持つ極東の映画王国が開けていたというわけだ。

さらに詳しい香港映画界の性格は、おいおい述べていくとして、取りあえずは、ショウ・ブラザーズの所有する広大なシネマ・シティの中に足を踏み入れた感想に移ろう。

延々と続くスタジオに、何千人とも思えるほどのスタッフたち。廊下より見える範囲では、撮影機材もどうやら最新型のものばかりのようだ。

　そして、何より嬉しくてたまらなかったのは、おそらく世界共通であろう映画人たちの映画づくりにかける熱気が、広大なスタジオのそこかしこから感じられることであった。喜びのあまり、叫び出したい衝動にかられたほどだ。

　久々に俺の心を激しく揺さぶるこの感動に、この後しばらく、どうしようもなく、激しく胸が高鳴り続けたのであった。

6

　俺の保護者ともいうべき、プロデューサー、ミスター・チャイは、非常に流暢な日本語を話す人物であった。

　現在はゴールデンハーベスト社の副社長として敏腕を揮っている彼と、この日から二週間スタジオ内のホテル——と言っても、ほとんど彼の居室と化していたが——にて、良きルームメイトとして付き合うことにもなる。

　が、終始良きルームメイトであった彼に唯一落度があったとすれば、それは、到着したばかりの俺を一人ぼっちにしたことであろう。

もしくは、せめて日本語の「はい」が、広東語ではナニを意味するかくらいは教えて、部屋を出ていくべきであったのだ。

そうすれば、突然掛かってきた電話に、

「ハイ、ドーモー」

なんて軽々しく出てしまうこともなかったし、物凄くパワフルな香港のおばちゃんの逆鱗に触れるようなこともなかったはずだ。

「ウェイ、レイハイピンゴワ……」

最初は穏やかな口調で語りかけてきた彼女が、ものの一分も経たないうちに烈火のごとく怒り始め、こちらが返事をする度にその火が燃え盛っていく理由を知ったのは、ずいぶん後のこと。電話の向こうでなぜかオバさんが怒り狂っている、という香港初の最大の窮地を脱するためには、

「ハイ。ドーモ、ドーモ（アソコノ毛、オオイ、オオイ）」

と適当に受け流しておくしか方法がなかったのである。

ここであえて言っておく。

俺は大学時代から名の通った硬派であり、汚い身なりをしていようとも、一応紳士である。

女性に対し失礼な言葉を吐くような男ではない、たとえ冗談であっても。

そういうわけだから、彼女が半ば受話器を叩き付けるようにして電話を切ってくれた時には、持てる全ての力を出し切っていた。今日一日で、一年分とも思えるほどの驚きと感動を経験してきた身にとって、この出来事はとどめを刺されたようなものである。

ベッドに沈みこむようにしてストンと眠ってしまったのは、それからわずか何秒か後のことであった。


猛烈な空腹感を覚え、起きた時には夜の八時になっていた。

つまりは、今朝、日本を発った俺の腹時計は九時をさしているということになるのだから、腹がすくのも無理はない。

が、香港のお金は持っていない。この広大なスタジオのどこに食堂があるのかも分からない、誰かに聞く言葉も持たない、そんな俺にできることは、ただ一つ。ミスター・チャイの帰りをおとなしく待ち続けることだけであった。

高台にあるホテルの窓からは、山の夜の濃厚な漆黒の闇に遠くに追いやられてしまったかのような、寂しげな撮影所の明かりが、浮かび上がって見えた。

グワッ、グワッ、キュルルル。腹の虫が、切なげに鳴く。「このまま、ミスター・チャイが帰ってこなかったら……」異国の地で味わう孤独と不安とが、空腹感に拍車をかける……。

結局、ミスター・チャイが一杯機嫌で部屋に戻ったのは夜中の十二時。

その後、部屋に満ちる空腹な異邦人の、約四時間分の悲しみに突き動かされたかのように、彼は真心こめてインスタントラーメンをつくってくれたのであった。

ちなみに、香港で初めて食べた「香港製即席麵」の味は、限りなくインスタントで、具一つ入っていないものではあったが、中華料理店のおやじに鍛えられた俺の舌をも納得させるほどに、美味であった。

7

初出演映画『悪客』の撮影は二日後に始められた。監督は、ショウ・ブラザーズの黒澤明との異名を取るチャン・ツァー監督。ヒットメーカーである。

ストーリーは題名が示す通り、香港に日本のヤクザが進出し、勢力をのばそうとするが、中国人の若い兄弟に阻止されるという勧善懲悪もの。

つまり、俺は日本から乗り込んでくるヤクザである。悪役とはいえ非常に重要な役所だ。

昨日、ミスター・チャイに案内してもらい、ざっとショウ・ブラザーズのムーヴィー・タウン内を見学してまわったのだが、それにしても、広大な施設であった。

室内のスタジオだけで十五あるということで、撮影はその中の一つで何百人もの人々に取り囲まれ、行われることとなった。その中でどれほどの人が、

「日本のアクションスターの腕前を見せてもらおう」

と身構えていたのかは分からない。

が、こちらは、実はスターだったことなど未だかつて一度もなかったのに、ここ数日間、スター扱いに甘んじてきた身。送迎の際や保護面において、いくつか落ち度は見受けられたものの、こちらがやましいことには何ら変わりはない。

よって、このアクション初披露の場は、スターであることをガツンと周囲に誇示すべき非常に重大な場であり、と同時に、俺に相当量のプレッシャーがのしかかってくる瞬間でもあった。

「皆が見ている」

といったどうしようもない自意識過剰状態が、自らの体にじわじわと枷をはめようとし始めた、まさにその時であった。

全く唐突に、俺の中にかつての感覚が駆け抜けたのだ。

そう、東京での面接の際着ていた、友人の背広の感覚。やや小さく動きにくいことこの上な

いあの中に身を置き、俺は自分の器いっぱいに生きてみたいと切望したのだ。その際感じた、溢れるようなやる気が、窮屈な背広の感覚と共に、するすると体の中に蘇ってきたのだ。

「たかが何百人の人間が見つめているにすぎないじゃないか。俺の器はもっともっと大きいはずだ」

と思いきや、一時は止まっているのかとすら思えた血が全身を駆け巡り、体の各部から力がすっと抜け落ちたのだ。

どうやら、俺の体は至って単純に出来ているようで、一転、みるみるやる気が漲ってきたのである。

空手、柔道、合気道と格闘技一筋に貫いてきた俺の青春。あのアルバイト漬けの毎日。それらを爆発させることのできるこの瞬間を、喜びの瞬間と言わずして何と言おう！、とばかりに、

「イベー、キャメラスタート、アクション！」

の合図と共に、俺のアクションは勢いよく飛び出した。その異様なほどの激しさに、俺の足が、セットの床を突き抜いてしまったほどだ……。

少々力が入りすぎていたであろうことは認める。が、間違いなく、会心の足技と言えた。

が、通訳が俺に監督の言うことを伝えるには、

「倉田の蹴りが強すぎて、相手役が怖がっている。これでは、駄目だ。もう少し力を抜いて、

もう一度やって欲しい」

とのこと。

この言葉を聞き、

「そりゃそうだよな。空手、柔道、合気道と、小学校の頃から、どれもとことん鍛え抜いてきた俺だ。そんじょそこらの奴には、ちょっと受けられないレベルだったよな、うん」

と、今度は、妙な気負いがすっと抜け落ちた。

緊張と気負いとがとれた結果、まるで、シーソーがゴットンと傾きを変え、俺の体がふわりと持ち上げられたかのように、スタジオ内を見渡せるだけの余裕が沸いてきたのだ。

そうして、撮影は快調に滑り出した。

ところが、どうしたことか、ＯＫがなかなかもらえない。

ここで、「ＯＫがなかなか出ない」ことについて少々述べておきたいと思う。決して言い訳ではなく……。

基本的に、香港カンフー映画は、立ち回りが非常に長い。従って、悪役と言えども一発で倒されるようなことはなく、延々と勝

前列中央が著者。向かって右に、『男たちの挽歌』のティー・ロン、殺陣師のリュウ・ジャー・リャン。著者の左側がデビッド・チャン（チャン・ター・ウェイ）。

＊『悪客＝The Angry Guest』
1971年　ショウ・ブラザーズ
監督／チャン・ツァー

負が展開されていくこととなる。

それだけに、観客のアクションシーンを見る目も非常に肥えており、と同時に非常に厳しい。経験、未経験を問わず、香港の若者はことカンフーに関する知識を驚くほどため込んでいる。街なかで出会う彼らに、質問をぶつけられ、その観察力、内容の深さにすっかり驚かされてしまったことも何度かあったほどだ。

そんな彼ら相手に、ぱっとしないアクションなど見せようものなら、皆怒り狂い、たちまち館内からは誰もいなくなってしまうことだろう。

また、そのお粗末具合が、彼らの持つ許容範囲を極度に超えてしまっていようものなら、映画館のシートをナイフで切り刻んでしまうなどといった、激しいリアクションで応酬されることになるのだ。

よって、アクションシーンの撮影には、映画製作者側も、非常に気を遣うわけである。

今でこそ、一カット三秒、アクションシーンは全てスタントマンを使って、といった映画は珍しくなくなったが、当時は一カット一カットが長い上に、俳優たちの多くが、それら全てを自分の体でこなしていかねばならないもんだから、ただもうひたすらに疲れるのだ。

俺など、二週間くらい朝から晩まで一つのシーンを撮り続けているようなこともごく普通にあった。

が、そうかといって、フィルムを惜しむようなことも一切しないのである。

香港映画を素晴らしく好きになった理由の一つがここにある。

日本では、俺のNGはそのままやり過ごされてしまうことが多かったたし、（つまりはチョイ役なのだが……）撮り直すにしても、

「駄目な奴だな、もうフィルムがないからばしっと決めてよ」

とプレッシャーを目一杯背負わされた。

そうして、悲壮な決心と共に、再度撮影に挑まねばならなかった。主役級でも、その点は同じであったと思う。

が、香港スタイルは違うのである。

つまりは、俺が初めて撮影に参加したこの日も、香港スタイルが活きていたというわけだ。

「イベー、キャメラスタート、アクション」

の「イベー」の時点ですでにフィルムが快調に回り出していたたし、俺のアクション、そして、相手役のアクションに対するNGが、惜しみなく、とめどなく出されてもいた。が、何回ダメが出されても、誰からも文句は出ないし、皆の表情から笑顔が消えてしまうようなことも一切ないのである。それでいて、根気よく何度も何度も撮り直しが行われていくのだ。

最初は何も分からずに、撮影に参加していたのだが、撮影が進むに従い、次第にこの香港ス

タイルを解するようになっていた。

大舞台に飢え、あり余るエネルギーを持て余していた人間にとり、おそらく、これほどに、理想的なスタイルはなかったであろう。

「もう一回」

の声が掛けられる度にしみじみこう感じたのだ。

「いいなあ、香港は」

と。

メーキャップが激しく流れる汗で落ち始め、肩が息をし始めた頃、ようやくＯＫの声がかかった。

そうして、俺の心は十五回目の、

「いいなあ、香港は」

の感動と、ＯＫの喜びとに埋没していくのであった。

8

ただし、その後は全くいただけなかった。

撮影が終わると、スタッフたちは、連れ立ってどこかに移動し始めた。監督も、プロデューサーも、カメラマンも皆一緒である。

「なんだ？　何かあるのか？」

と、不安げな俺の表情を見てとったのか、監督のチャン・ツァーが手招きする。

連れていかれたところは食堂だった。

一緒に飯を食おう、なんて言っているのである。

「そいつぁ、いい」

あれだけ派手なアクションを披露した後だ。腹の虫はうるさいほど鳴き叫んでいる。しかも、監督自らが誘ってくれているのだ。もしかすると、自分をアピールする機会があるかもしれないじゃないか。

ところが、食堂に一歩足を踏み入れた途端、後悔するはめになった。

そこには、『悪客』のスタッフたちだけでなく、他の映画のスタッフであろう人々も集まっていた。室内にはクーラーはもちろん、扇風機もうちわもなく、ムンムンとした暑気が充満している。

広さはほんの十畳くらいであろうか。そこに二十人ほどの男たちが群がり、立ったままでガツガツと食べているのである。ほとんどの男は上半身裸。流れ落ちる汗を拭おうともせず、「食う」という本能に突き動かされ、〈餌〉に群がっている。

「うげぇ」

まるで餓鬼道にでもいるかのような錯覚に陥り、本能的に目を背けてしまった。

が、その視界に、信じられない光景が飛び込んできたのだ。

目の前のカウンターに置かれている中華料理に何十匹という蝿がたかっているのである。男たちは、それに全く気付いていないかのように、平然と料理を小皿によそい、口に運んでいる。その小皿にさえ、蝿が群がる始末である。料理の表面積のほとんどが、蝿に覆われている皿さえある。

「ううっ」

嗚咽とも呻きともとれない声が漏れ、思わず下を向いた。

が、下にもいたのである。

男どもの足の間をぬうようにして、犬がうじゃうじゃと。あれが犬というのなら、俺がこれまで見てきた日本の犬は、どれもこれも座敷犬にしてやれるほど可愛げがある。恐らく皮膚病のためだろう、毛が抜け落ち、体のあちこちに斑点ができた、犬は犬でも神話に出てくるケルベロスのような犬なのだ。その犬が、男たちが床に吐き出した肉の皮や骨を拾いあさっている。

まさしく地獄変である。

限界だ。

口に手を押さえたまま、食堂を立ち去ろうとしたその時、監督に捕まった。俺にも料理を食え、と言っているのだ。

こんな料理など、どんなに腹が減っていても食えるものではない。

なのに監督は無理やり手を掴んで、近くのテーブルに引っぱっていくのだ。

「おいおい、ちょっと待てよ」

と一応の抵抗を試みる。何をいっているかは分からないが、「腹が減っているのだろう」「遠慮しないでたらふく食え」という、好意からきているのだろう。

スタッフの一人が、頼みもしないのに料理を持ってくる。

蝿も一緒についてくる。

目の前に出された料理は、鶏の足——もも肉ではなく、爪までついている正真正銘の足だ。ボウルの中に足がいっぱい。「これを食えば元気になる、鶏の足のゼラチン質が体にいいのだ」

まるで、そういいたげだ。

「コレ、食べんの?」

懇願するような目で、みんなを見回した。みんなは一斉に、そして大きく頷く。

そうだよな、みんなと一緒のものを食べないわけにはいかないよな。何てったって、俺はよそ者なわけだし、俺だけ特別扱いされるってのもよくないし。第一、ここで日本食にこだわって海外の食文化を受け入れないっていう態度は、典型的な日本人観光客の態度そのものじゃないか。「アンチ日本の若者」を目指す俺としては、そんな安っぽい態度はとりたくない。

けれど、足は嫌だ、足は。

「食べるけど、自分で食べる料理は自分で取るよ」とジェスチャーで示し、なんとか食べられそうな料理を探す。

あったあった、手羽先が。これなら食えるし、本場の手羽先だから、もしかするとうまいかもしれない。手羽先を一本掴み、口に入れようとした。

その瞬間、手羽先と目が合った。

「目?」

手羽先じゃなく、蛙だった。

9

会社から呼ばれ、プロデューサーの部屋に行ったのは、それから二日後の午前十時頃のことであった。

海に面したその部屋の窓は、まだ冷房が効いていないのか、開け放たれ、潮の香りと、そろそろ熱を帯び始めた風とが肌に心地好く吹き込んでいた。

黒縁の眼鏡をかけ、穏やかな表情を浮かべるこのプロデューサーの顔は、初日から、スタッフたちの中に認めていた。

彼は座るようにと促してから、それまで吸っていた煙草を急いでもみ消し、そして、ゆっくりと向かいに腰掛けた。

そして、こう言った。

「この三日間、あなたに注目してきました。そして、私たちはすでに、あなたの中に多くの可能性を見出しています。そこで、どうでしょう？　我がショウ・ブラザーズの年間契約俳優として、これから大いに活躍して頂くというのは」

この直後、かなりの力で自分の横っ面を張り飛ばし、彼をも驚きの渦に巻き込んでしまったが、無論、嬉しさの余りである。

そんなことをしておきながら今さら、という気がしないでもないが、じんじんする頬をこわばらせながらも、出来るだけ何気ないふうを装って俺は答えた。

「日本で抱えている仕事のスケジュールとの調整がつくかどうか……。二、三日考えさせてみてくれないか」

と。

日本ではチョイ役ばかり、オーディション落ちまくりといった、しがない役者である俺に、調整すべき仕事なんて一つもあろうはずがない。にもかかわらず、二つ返事で承諾しないだけの分別があったのは奇跡と言えた。

どんな悪条件を提示されても、簡単に契約してしまいそうな単純な男を救ってくれたのは、通訳という第三者の存在であった。

交渉は全て彼を介しての話となるため、嬉しさの反面、どこか冷静でいられた。

それに、この通訳にも、

「日本には彼女が待っていて、仕事も山ほどたまっているんだ」

などというハッタリをかましていたため、ここですんなり契約してしまうわけにはいかなかったのだ。

俺にも多少のプライドがあったのである。

「中国の月が一番大きいわ」

なんて、『慕情』のヒロインがえらく得意気に言っていたが、その夜、ホテルの窓から見えた香港の月も、なかなかどうして大したものであった。

ましてや、中秋節の頃の、一年で最も美しいとされている月である。

その名月を、ようやく指標となる物体に出会えた漂流者にも似た思いで見上げる。それも、ただでさえ少々センチメンタルな状態にある異邦人ときている。ゆえに、この一年で最も美しいとされている月が、心に食い込んでこないわけがない。

涙の一すじや二すじ流れるわけである。

「おふくろ？　俺。今日、ショウ・ブラザーズっていう、香港で一番大きな映画会社から、年間契約の申込みを受けた。まだ、決めたわけじゃないけど、まぁ、元気にやってるから心配しないで。おやじにも、そう伝えといて」

まずは、文句を言いつつも、不肖の息子の親であり続けてくれた父親、そして、半ばあきらめ顔で、今回の香港行きを、五万円を質屋から借り入れることによって実現させてくれた母親に一報。

ショウ・ブラザーズからの申し出を受けるにしても、異国での全く一人っきりでの挑戦になるわけで、感傷にふけっている場合ではないのかもしれない。が、たまに来る仕事もチョイ役ばかりであった俺に、いきなりやってきた大映画会社からの年間契約の申込みだ。

何より、アクションを認めてくれた上での申込みであったことが、安堵感のようなものを与えてくれていた。

その夜の美しい月光とさわさわと吹き込む夜風とに誘われ、俺が心地好い眠りについたことはいうまでもない。そう、まぶたに、香港映画界に新星のごとくあらわれる自分自身の姿を思い描きつつ……。

翌朝も快晴。

日本の十月の初旬とは異なり、まだまだ夏真っ盛りといった感じではあるが、良いことは続いた。

朝、スタジオに入るや、通訳がツツツッと寄り添ってき、こう囁くのだ。

「クラタは凄いですねぇ。昨日、ゴールデンハーベスト社の監督から、クラタと食事をしたいとのオファーが入りました」

と。食事のオファーは、イコール仕事のオファーである。

聞けば、ゴールデンハーベストは、ショウ・ブラザーズと一、二を争うほどの大きな映画会社だと言うではないか。

「一体、どうしちゃったの?」

狐につまれたというのは、こんな感じを言うのであろう。それなら、その狐は、俺を香港にまでつまんできてくれたことになるわけだから、大いに感謝せねばならないところだ。

とはいえ、あれよあれよと、高波にのし上げられてしまったサーファーのような高揚感を抱きつつ、久々に訪れた幸福の波にとりあえず身を任せた。

10

マカオ行きフェリーの船着場に辿り着いた頃には、約束の午前十時を大幅に過ぎていた。香港に来て一週間が経過し、撮影は一日休み。

その休みを利用して、マカオに運だめしに出かけることにしていた。

無論、〈東洋のモナコ〉として知られ、客からむしりとれるものは何でもむしりとろうと、手ぐすねひいて待ち構える政府公認賭博場のある、あのマカオである。

思えば、この一週間、得体の知れない力によって突き上げられていくかのごとき感覚に脅えすぎていた。

今まで舞台下で少々イジケ気味に過ごしてきた俺を、急に舞台に押し上げてくれようとしても、尻のあたりがもぞもぞと落ち着かなく、ともすれば、その手を払いのけたいような衝動にかられてしまうのだ。

そこで、

「ええい、この際、思いっきり調子に乗っちゃうからな」

といった感じでこのマカオ行きが決められた。この得体の知れない力のギャンブル界での影響が、大いに期待されるところである。

しかし、金銭的、精神的な理由から、パチンコ、競馬、競輪といったギャンブルに縁遠かった俺が、

「よし、勝負だ」

と、勢いよく飛び出していけるようになったことだけでも、実に喜ばしいことではある。

そんな感慨にふけりつつ、待ち合わせ場所の埠頭に急いだのだが、香港に来て一週間が経過しているとはいえ、撮影所にこもっていた人間にとっては、それはなかなかに困難なことであって、ようやく到着した時には、約束の時間を大幅に過ぎてしまっていた。

「ぐずぐずしていると、太陽の方が先にマカオに着いてしまうんじゃないか」

などと少々焦り気味の俺に遅れること二十分、待ち合わせの相手クライドが悠然と、こちらに

歩いてくるのが見えた。

彼は、撮影スタッフの一人で、あえて繰り返すが、名前は「クライド」。純然たる中国人である。

当時は、「クライド」という名がどんなに彼から浮き上がっていようとも、彼のクリスチャン・ネームなのであろうと信じ、微塵も疑わずにいた。

俺も若かった。

が、この何年か後に彼の名が「ビトー」となっていることを知った瞬間、「ハッハーン」と全てを悟った。「クライド」は『俺たちに明日はない』のウォーレン・ビーティ演じた車泥棒の名、そして「ビトー」は『ゴッドファーザー』のマーロン・ブランド演じるマフィアのドンの名であることを。

我ながら鈍かった。

上映されていた年、彼の映画の好みから言って、この結論におそらく間違いはないだろう。最近では、『ダイ・ハード』のジョン・マクレーンあたりの名を拝借しているのではないかと睨んでいる。

このように、屈託のないスタッフ揃いの撮影所内にありながら、その屈託のなさで目立てる男であり、撮影の合い間などに、知っている日本語を総動員し、懸命に俺に話しかけてくれる心優しい男でもある。が、彼に〈東洋のモナコ〉への同伴者になってもらった最大の理由は、別のところにあった。

大のギャンブル好きなのだ。撮影の合い間にも、

「次に部屋に入ってくるのは男か女か？」

といったごく日常的お題から、この頃世界を賑わしていた、

「国連で中国を代表することになるのは、中華人民共和国か中華民国か？」

といった政治的お題に至るまで、実に器用にＴＰＯに応じた選択肢とオッズとを用意してみせた。まるで、彼の思考回路を通り、その瞳をきらめかせた出来事は、次に、口から出る時には、賭に関係する事に変化する仕組みになっているかのようであった。

というわけで、図に乗る俺と、ギャンブルに対する色気ムンムンのクライドは、予定時間から大幅に遅れながらも、マカオ行きフェリーに意気揚々と乗り込んでいくのであった。

乗船の際の出国カードの記入、パスポートと乗船券との提示、そして、二時間余り船に揺られた後の入国カードの記入といった一連の手続きは、「熱海に温泉」感覚で「マカオにギャンブル」しにきた俺に、この日帰り旅行が、れっきとした海外旅行であることを実感させた。

そして、いよいよマカオに上陸。

目的地であるリスボアカジノは、埠頭から一キロ足らずのところにあるのだが、とりあえずは、すでにややヒート気味の二人の心を一旦冷やそうと、半島の反対側にある聖ポール天主堂跡を折り返し点として、タクシーを走らせてみることにした。

ところが、埠頭前の広場から乗り込んだタクシーの後ろに流れ行く風景は、いつまでたってものどかな田舎のそれなのだ。

街の至る所にマフィアの息がかかり、様々な犯罪が蔓延する悪の巣、とまでは言わないが、ギャンブルの街というからには、全体に危険な香りが漂う所なのであろうといった、漠然とした「マカオ」像をイメージしてきた俺としては、良く言えば鄙びた、悪く言えば、廃れたその街並みに大いに拍子抜けしてしまった。

この時のマカオは、ポルトガル植民地となった一八八七年から約八十年、中国に返還されることになる一九九九年までにあと三十年足らずといったところに位置していた。

返還をあと二年後に控えている現在より、かなり、目もりはポルトガル寄りの位置にはあったけれども、それでも、かつて貿易港として沸いた面影は街のどこにも見られず、すでに植民地としての黄昏時に浸り切っているかのようであった。

それでも、時折、ポルトガル風の建物や噴水、ベンチのある広場がふっと現れたり、その色合いが淡い黄色やピンクといったパステル調であったりといった事に、ここが、紛れもなくポルトガル領の一角であることを思い知る。また、そのパステル調の色合いに和む心に、いつの間にか、香港のビビットな赤や黄色の世界に浸り始めている自分自身を知ることもできた。香港の外れで、わずか一週間過ごした俺にすらそう感じさせるのだから、香港には、おそらく、パステル調の色がふんわり漂う余地はないのであろう。

とはいえ、日本では、明けても暮れても、代官山―六本木間を往復していただけのこの俺だ。そんな俺が、ここわずか数日の間に、二ヵ国もの領土を訪れてしまっているとは……。


メインストリートの新馬路を走っていたタクシーは、ホテル・リスボア前の広場にゆっくりと入っていった。

ホテルの横手がカジノなのだ。

薄黄色で円筒形のホテルの外観は、かなり遠方からも目を引いたが、建物の横手に回ると、カジノの方の看板も負けてはいないことに気付く。それこそ、香港でしのぎを削る看板たちのスケール感を持って迫り来るのだ。

円形をしたホール内は、最初は冷房がずいぶん強いようにも感じられたが、大勢の人々がうごめく場内を突き進むうちに、次第にこの場に最もふさわしい冷え具合のような気がしてくる。行く先々で、思わず振り返るほどの歓声やどよめきに足を止められる。

この異空間が醸し出す空気に馴染もうと、しばらくひと所で場内を眺めていた俺を、クライドが、勝手知ったるわが家とばかりに――幾分得意気に――ホール内一周へと連れ出してくれた。

スロットマシン、ルーレット、ブラックジャック、バカラ、大小…と、そのコーナーに来る度に立ち止まり、ルールの説明も簡単に加えてくれる。目の前で生の教材が繰り広げられていることもあり、クライドの片言の日本語と英語でも大体のルールは掴むことができた。

まぁ、博打のルールなんて大体がシンプルなものだということもある。

そして、ルールもさることながら、各台を取り囲む人々がダイスやルーレット、カードに注ぐ、その一種異様なまでの視線の熱さに、格闘技を生業とする俺はぐいぐいと引き込まれていった。これが、誤作動であったことは、後々に分かるのだが、それでも、俺の体は気持ちよく熱くなっていった。

その後、格闘の相手をブラックジャックの中に見た俺は、そのコーナーに向かい、実に潔い第一歩を踏み出した。

11

ブラックジャックのコーナーは、ほどよく混んでいた。

「まずは観察しろ」

とのクライドの助言に従い、それぞれの卓でのやり取りを見守ることにした。

目の前の卓は、誰か一人がバカ勝ちするようなこともなく、女性ディーラーを中心とした穏やかな雰囲気の中で、ゲームが進められており、初心者が見学するには持ってこいである。

七人のプレイヤーは以下の面々。

薄紫色のスーツを着た上品な四十代の女性、「シッシシッシッシッ」といった特徴的な笑い声が妙に耳にさわるおばちゃん。禿げ頭に蝶ネクタイのおやじ、チェックのシャツを着た三十代くらいの男が二人。この五人は中国人らしい。そして、でっぷりとしたアメリカ人男性と、その奥さんらしき女性の計七名が、ゆったりとゲームを楽しんでいた。

トゥエンティー・ワンとも、ドボンなどとも言われるこのゲームは、プレイヤーとディーラーとの対決となり、両者にカードが配られる。ルールは至って簡単。合計21により近い目を得た者が勝ち。絵札は10に、エースは1、もしくは11に数えることができる。新たに何枚ひいてもよいが、21をオーバーしてしまえば得点はゼロというわけ。

クライドが熱く語ってくれるところによれば、「ディーラーとの駆け引きが勝敗を大きく左右する」らしい、奥深いゲームなのだそうだ。

このカジノ側の人間である〈ディーラーとの駆け引き〉とのフレーズに、どこをどう勘違いしてか、敵地に一人赴く男の哀愁のようなものを感じ取り、俄然燃えた。

任侠映画の見すぎが引き起こす症状の一つだ。

ディーラーの女性が、華麗とも言える鮮やかさでもって、両手でパタパタとカードを折り重ね、一枚目のカードを配る。それを見て、プレイヤーが思い思いにチップを賭けていく。ひと通り賭け終わったら、ディーラーがさっと二枚目のカードを配っていく。

ディーラーの二枚目のカードは表向きだ。彼女のみ、二枚のカードの合計が16以下なら必ず次を引かなければならない、という決まり事を抱えて勝負する。

よって、ディーラーの表向きのカードと、彼女に課せられたルールとを判断材料とし、プレイヤーは自分に配られたカードを追加（ヒット）するのか、そこで止めておく（ステイ）のかの意思表示をするのだ。

時々、よく分からない仕種や、チップの動きが加わるのだが、基本的にこれだけ理解できていればなんとかなりそうである。

俺の中に、わずかの自信が芽生えはじめたその時に、チェックシャツの一人が席を立った。

彼は、なかなかの堅実派で、他の客が四百、五百と賭けていく中にあって、我関せずの姿勢を貫き、百ドルチップ一枚をチビリチビリと張り続け、常にとんとん状態を維持していたプレイヤーである。

「よし、出番だ」

と、早速チップを購入。ない貫禄を振り絞るかのようにして、空いた席にどっしりと座る。

この瞬間、二つの重大な間違いを起こしている。

一つは、座る卓の選択。

実は、五ドル、十ドル、百ドルと、卓毎にレートがあったらしいのだが、そのことを全く意に介さず、こともあろうに、一番高い百ドルレートの卓に乗り込んでいったのだ。素人さん、それもルールが理解できているのかも怪しいど素人の分際で。道理で、他の卓に比べ、ゆったりとした雰囲気に包まれていたわけだ。

宵の口から、百ドルレートの卓に優雅に座りこんでいる彼らは、懐に余裕のある有閑人といったところか。

もう一つの間違いは、持ち金全てをチップに替えてしまったことだ。

ちなみにこの時の持ち金は、映画会社から「当座の生活費に」と前借りした千五百ドルとちょっと。日本円にして約十万円。新卒のサラリーマンの初任給が一万八千円くらいの時代であることに是非ともご留意頂きたい。

まさに、玄人さん言うところの、「素人の無知」を地で行く行動を、きっちりとっており、「貧乏人にたまに金を持たせるとろくなことはない」との言葉が生涯で最も似合ったひと時であった。

まずは、チェックシャツの男を見習い、百ドルずつ賭けていく。配られたカードは、最初に絵札、次にも絵札。ここでステイ合図を初披露。

通じた。

順調、順調。

ディーラーの見せカードは小さく3。彼女は規定に従い、とり続けた結果ドボン。そして、俺のもとに二百ドルついた。

なかなか幸先良いスタートじゃないか。

となりのおばちゃんも勝っていたようで、全て無言で進められていた卓上に、「シッシシッシッ」との笑い声が響き渡る。

通常なら、チップ二百を置いたままで次の勝負に出ていくところだが、ヨチヨチ歩きのギャンブラーの頭に、そんな素敵な戦法が思い浮かんでくるわけがない。思いついていたところで、そのような立て続くプレッシャーに、耐えられたとも思えない。

よって、この卓上を囲む人々の中で、最も無垢な心を持っているに違いないギャンブラー、つまり俺は、目の前の百ドルチップ二枚を、手元へといそいそ回収してくる。回収と言ったって、親指と人指し指でつまめちゃうような、とてもささやかな収集作業ではあるのだが……。

そして、ディーラーがシャッフルし始め、俺は再びチップを賭ける。

もちろん、百ドルだけ。

配られた最初のカードはクラブのJ。次に来たのが、ハートのA。ナチュラル——どんぴしゃの21だ。再び、二百ドルがつく。

さらにもう百ドル勝負。またまた勝った。

「ウヒヒヒヒ、もう、六百ドル儲かっちゃったもんね。意外と簡単じゃん」

正真正銘の初心者である俺のもとに、あの〈噂のビギナーズラック〉さんが舞い降りてきたに違いない。心は幸せ色にほんのり染められ、早くも大儲けした時の金の遣い道をあれこれ考え始めた。

「まずは、クライドに豪勢な晩飯をおごってやろう」

すっかり勢いづき、ぐわーんと気持ちが大きくなって、次の勝負にはいきなり四百ドルチップを張り込んだ。負けたところで、まだまだプラスだ。

結果、あえなくドボン。目の前の四百ドルチップに、ディーラーの手が伸びる。その時になって、ある事実にハタと思い当たった。

「ちょっと、待てよ。俺がこの手で回収してきたのは、確かに六百ドルだった。が、儲けは三百ドルだけだよ……なっ？　こりゃ、大変だ！」

この瞬間、俺の格闘家魂に、ボッと火が点いた。

次の勝負には、この負けをとり返そうと、二百ドル。が、あっさりドボン。その分の負けをとり返そうと、次は四百。これも負ける。

ええい、もう四百。

気が付いた時には、負け分は、千ドルを越えていた。

「こんなことになるなんて……」

思わず頭を抱え込む。

負けがこんでいるようには思えなかったのだが、いつの間にやらオケラ状態。ギャンブルとは、こんなものなのか……。

ふと、となりのおばちゃんを見ると、俺の方を指差して何やら叫んでいる。どうやら、〈お前がやたらめったらチップを賭けるもんだから、私まで負けてしまった〉というようなことを言っているらしい。

日本にいる時でさえ、人に気を遣いまくって生きてきたのに、こと香港に着いてからは慣れぬ〈スター扱い〉に胃が痛くなるような思いをしている。なのに、このような場所でさえ、気を遣わねばならないのか。

負けたショックとも重なって、益々気分が滅入ってくる。

もう、やめよう。ギャンブルなんてやめときゃよかったんだ。

そこに、

「どう、調子は?」

と、肩をたたく者がある。

クライドである。

その横顔を見た途端、クライドに豪勢な晩飯をおごってやらねばならぬ我が使命を思い出した。決して彼と約束を交わしたわけではないのだが、格闘家たる者、一度、心に決めたことは、何があっても守らねば……。

その時まで、暇を持て余していた俺の筋肉たちも、クライドの登場により、一気に活動を開始。しかし、撮影中ならいざ知らず、この場合に限っては、彼らが張り切ったところで、グッドアイデアをもたらしてくれるわけでも、ツキを呼んできてくれるわけでもない。

「残り全てを賭け、そして、勝負に勝てば――。トントンとまではゆかずとも、かなりの額が戻ってくるはず。そう、勝たなくてもいいから、せめて元あった分だけでも取り戻そう。それで、クライドにメシを食わしてやればいい。どうせ、負けてた金なんだ」

筋肉たちの奮起により、ひねり出された簡略思考に支えられ、テーブルにキッと向き直る。

「よしっ、最後の勝負だ！」

ディーラーの手から、カードがはじき飛ばされた。

一枚目は——スペードの10。マアマアだ。

残り六百…いや、五百ドルくらいになってしまっていただろうか。高々と、それらをテーブルの上に積み上げた。

「オオッ」

ギャラリーも、俺の発作的行動に、思わずどよめく。が、ディーラーは、チラッとこちらを見ただけで、全く動じている様子はない。

「自分が勝てると思ってやがんな」

ついさっきまで、半ベソ状態だった男のものとは思えぬ強気のつぶやきである。

「よーし。見とけ。絶対に勝ってやるからな」

俺の凄まじい気迫など、一向に気にする様子のない彼女により、テーブルの上に二枚目のカードが配られていく。手元に滑りこんできたそのカードを、たぐり寄せるようにして少しずつめくる。

「たのむ、来てくれ！　A…いやJでもKでもいい。来てくれ！」

カードの端から、何やら冠のようなものが。

「おっ？　おお？　おおお！」

なんと、引いてきたカードは、ダイヤのK。トータルで20だ。どうやら、最後になってツキがまわってきたらしい。

やった、千ドル以上負けこんでいたうちの、ほとんどが戻ってくる。これで、一気に挽回だ。が、この勢いは、わずか一瞬後に、きれいさっぱり消え去ることとなる。

ディーラーがさりげなく、開いてみせたカードは、スペードのJ、一枚目は同じくスペードのAである。つまりは、21のナチュラルだったのだ。

惨敗である。

なんでも、この、スペードのAとJからなる21は、ブラックジャックの中でも、最高の組み合わせとのこと。それを、俺が目一杯の金額を張ったゲームで、出してみせるとは……。

タイミングが良すぎるじゃあないか。

イカサマの可能性大だ。

が、たとえ、そうであったとしても、俺に何ができるわけでもない。博打にイカサマはつきものなのだから……。そのことを前提に、大人の駆け引きを楽しまなかった、こちらが悪いのだ。さっきまで、あれほど熱くなっていたというのに、すってんてんになった俺の心は、驚くほどの早さでその機能を回復させていた。

「そうだ、この場違いに優雅な卓にあって、一人、目をぎらつかせ、大いに健闘したじゃあないか」

と自分を励ましたものの、驚いたことに、時計に目を落とすと、始めてから三十分ほどしか経っていない。

「お金の格闘技だ」

なんて勢い良く繰り出したものの、この三十分の間、一体誰と組み合っていたのだろう。

「ディーラーか？　運か？　お金か？」

と頭が巡ってきたところで、はっと我に返った。三十分前と今との違いに思い当たったのだ。

そうだ、十万円。

数日前まで、月々一万円足らずで命をつないできた人間が、なんと三十分で十万円を使い果たしていたのだ。確実に十ヵ月分の寿命は縮めたであろうと思える衝撃に襲われた。

カジノ内の所々で出会った、今にも自殺してしまいそうないくつかの顔が、頭の中に次から次へと浮かび上がっては消える。

「俺も、今、そんな顔をして歩いているのだろうか」

いや、そうではない自信があった。

今にも声を出して笑い出してしまいそうな、そう、ある種快感にも似た思いが、腹の底から突き上げてきているのがはっきりと感じ取れたのだ。

「運だめしだ」

なんて言いつつも、このマカオ行きに、実はこのガツンの感覚を期待していたのではないだろうか。

正直言って、金銭的にはかなりのダメージではある。が、盛り上がりくる人生の上げ潮を尻のあたりに感じ、常に落ち着かないでいる人間には、この見事なまでのすっからかん状態は、むしろ心地好くすらあった。

逆に、ビギナーズラックの訪れにより、ボロ儲けなどしてしまっていようものなら、きっと、さらに落ち着かない日々が続いたことであろう。情けない話だが、カジノで大負けすることによって、俺の心は、ようやくここ数日の間の立て続けの「良い事」に納得し、落ち着いてきたわけだ。

人生の岐路に立ち、

「石橋を叩きすぎるくらいに叩いておきたい」

それの少々叩きすぎた結果が、このカジノでの大負けであり、今の「懐が空っぽ」状態なのであろう。

言うならば、俺は幸運に対して、どうしようもないくらい貧乏性であるようなのだ。

と、今日の結果を受けての総まとめに入った俺の目には、バカラの席に陣取り、ガッシャガッシャとチップを寄せ集めているクライドの満面の笑みが映っていた。

「俺には〈お金の格闘技〉は向いていない。でも、本物の格闘技なら絶対の自信がある」

と、おかしな経路を辿ったものではあるが、本職に対する確かな自信もみなぎってきた。

それから間もなく、まだバカラに未練たらたらのクライドを引き連れ、カジノを後にした。

Scene 3

『激情』

〜香港

1

マカオから戻って一週間が経っていた。

この頃には、俺は香港での進路を選択し終えていた。香港映画界事情に疎い二五歳の日本の若者が取り得た最良の決断であったと思う。

まずは、ショウ・ブラザーズの年間契約の件。これは、諸条件があまりよろしくない、との幾人かからの助言に従い、断ることに。

そして、ショウ・ブラザーズの件の翌朝に聞いた、ゴールデンハーベストからの映画出演依頼の件。正直、かなり惹かれたのだが、聞けば、ショウ・ブラザーズとゴールデンハーベストとは、裁判にて係争中とのこと。ゴールデンハーベストをとれば、ショウ・ブラザーズに角が立つので、ここは大人の抑制を効かして断ることに。

双方共に、香港で一、二位を争う興行成績を誇る映画会社だ。こんな状態にある両社間をフラフラ動くのが、「極めて危険である」ことくらいは判断できた。

そこに、三番目の選択肢として浮上し、かつ最も心を揺さぶられて選んだのが、俺の香港処女作『悪客』のチャン・ツァー監督につき、仕事をしていく道である。

彼は香港の黒澤明と言われる映画界の大御所。今日、香港映画の一大特徴とも言えるズーム多用は、彼が先駆であると言われているほどだ。特にこの当時の、チャン・ツァーファミリーの勢いは大変なもので、実力、人気共にナンバーワンであった。

その売れっ子監督が、俺の素質を見込み、声をかけてくれたのだ。役者冥利に尽きるではないか。それに、チャン監督は新しい映画製作会社『南海影業公司』に出資していたものだから、仕事依頼がそちらからもやって来た。

第一作目『悪客』の撮影が終わらぬうちに、南海影業公司作品である『小拳王』がクランクインするなど、昼夜ぶっ通しでもこなしきれないほど、出演依頼は次から次に舞いこんだ。

このような、チャン・ファミリーの庇護の下であるから、安心して仕事に没頭でき、また大いに遊ばせてもらった。

華やかなナイトクラブの灯の下、派手に飲んで笑って踊った。空が少しずつ白みゆく頃、ショウ・ブラザーズから借りたオンボロワーゲンをがむしゃらにスッとばし、ガタゴトとスタ

＊『小拳王＝シューチェンワン』
1971年　南海影業公司
監督／ウーミン　出演／モンフェー他

ジオに帰ってゆく。途中、滝のようなスコールで車が立ち往生し、みんなで叫び声をあげながら山道を押していったこともあった。まさに、人生の春とも思えるような日々を送っていたのである。が、若者に悩みはつきもの。

学生時代から妙にシャイで、対話を苦手としていたことが多分に影響しているのか、広東語力が全く向上してくれないのだ。ボディランゲージで、どうにかこうにか生活はでき、友達も徐々に増えてはいたのだが、言葉が全く通じないとなると、どこか不便で、ちょっと寂しい。

日本では硬派で通っていたとはいえ、周囲が何を言っているのか理解できないような状態で飲み明かしたとて、やはり心からは楽しめない。そうかといって、周囲が日本語を解してくれるようになるとは思えないから、こちらが広東語力を向上させる以外に手はない。

そんな俺にそっと寄り添い、支えてくれたのが、いつも満面に笑顔を浮かべているホーだ。彼のそのニコニコ顔は、百の言葉を

撮影スタッフたちとの食事風景。写真で見る限り、楽しそうである。

費やすよりもはるかに雄弁に、俺に何事をか語りかけてくれた。「クラタ、楽しくやろうぜ」「クラタ、酒、足りてるか？」といった具合に。彼が無二の親友になるまで、多くの時間を必要とはしなかった。

その笑顔の主が、元ボディービルダーとしての立派な体を備えているというギャップが、妙に可笑しくもあり、微笑ましくもあった。雄弁な笑顔と片言の英語、そして身振り手振りでの粗末なコミュニケーション手段ではあったが、ホーとの会話では、互いの意思が伝わっているとの実感を持つことができた。

顔だけ見たのでは想像できないことだが、意外にもホーは、黒社会（マフィア）の連中に顔が利いた。

「外交家に必要なもの、それは素敵な笑顔と秘めたる腕力」

彼を見ていると、そんな言葉が思い起こされたものだ。

そんな彼が、ある日いつもの笑顔に、いくぶん得意気な表情をまじえて、こう聞いてきた。

「ブルース・リーを知っているか？」

と。俺が正直に、

「知らない」

と答えると、ホーは、さも驚いたふうな顔をして、

「香港でブルース・リーを知らない奴なんてお前くらいじゃないか」

と言う。

そして、まるで、まだ予防接種を受けていない我が子を、保健所に連れていかねばならない母親のような顔して、

「じゃ、明日、ゴールデンハーベストの撮影所に行かねば」

とホー。次の日は撮影が休みだったもんだから、

「行ってみようか」

と頷いてみせた。

ホーとブルース・リーとは幼なじみらしく、十五、六歳の頃は、香港の街を舞台に派手に喧嘩をしまわっていたほどの親しい仲なのだという。

しかし、世界中を虜にしつつあった男、ブルース・リーを知らなかったような俺だから、「いつもニコニコと穏やかなホーにも、派手に喧嘩をしていた若き頃があったんだな、こりゃ意外だな」

といったことくらいしか、この時は考えていなかった。

翌朝、例のオンボロワーゲンに二人乗りこみ、九龍の斧山道にあるゴールデンハーベストの

撮影所へと出掛けていった。

俺が香港映画初出演を果たしたこの年、一九七一年は、奇しくも、ブルース・リーの初主演映画『ドラゴン危機一発』が、空前絶後の大ヒットを飛ばした年でもあった。よって、俺は、ブルース・リーというスターの誕生に沸く、香港の街に飛びこんでいったことになるのだが、来港間もないこの頃に、周囲を見渡す余裕など全くなく、

「ブルース・リー？　知らないなぁ」

などと、のんきなことを言っていたのである。

もっとも当時、街角に多く貼られていた「李三脚」という文字入りポスターの存在は、くっきりはっきりと脳裏にある。だから、より正確に言うならば、周囲を見渡す余裕がなかったわけではなく、見渡し、目に飛びこんできたものを理解する能力がなかったということになる。

そう、この「李三脚」が、他でもない、片足で一瞬のうちに三人を倒す李――つまりは、ブルース・リーのことを指していたのだ。足業に秀でたリーに実にふさわしい形容である。

撮影所に着いたホーと俺とは、この翌年上映されることになる『ドラゴン怒りの鉄拳』の精武武道館、日本人道場といったセットの中をずんずんと抜け、待ち合わせ場所である、木陰のベンチに腰掛けた。

どうやら、アクションシーンを撮り終えた直後であったらしく、そこここで役者たちが、ま

るで死骸のようにぐったりとして横になっている。辺りには、彼らが、撮影の際に発したのであろう、緊迫感が余韻となって残っていた。俺もそのお相伴にあずかり、しばらく、彼らと同じように、ぼんやりとしてブルース・リーなる人物がやって来るのを待った。

ホーが言うには、リーは、早朝からぶっ通しで、今ここに転がっている彼ら相手に、立ち回りを演じていたのだという。

だから、気長に待つつもりにはなっていた。

が、五分も経っていただろうか。

こちらに向かって歩いてくる一人の男が視界に入ってきた。太陽を背に歩いてくる彼を見て、すぐに「この男がそうなのだ」と直感した。

言わば天性の勘、とでも言おうか。

格闘技で研ぎ澄まされた俺の全神経が「彼が全世界に注目されている理由」を瞬時に察知したのだ。背後に燦々と輝く太陽が、彼の全身から発された鋭気のようにも見える。

白いチャイニーズ服の前をはだけ、黒いズボンの裾をきゅっと巻いたその男は、俺の前に立った。

が、心は彼の持つ魅力をまだ認めてはいなかったのだろうか、

「小っちゃな奴だな」

これが、日本から招かれた「アクションスター」が「世界のアクションスター」に対して抱いた、第一印象だった。

ホーが紹介してくれたのだろう、一言二言交わすと、彼が握手を求めてきた。

さっと握っただけなのに、グググッと掌にも心にも食いこんでくる握手であり、瞬間的に、彼の発散する強烈な魅力の源泉とも言える何かを感じとることのできる握手であった。

その溢れんばかりのエネルギーに、毛の一本一本が逆立っていくのが分かる。

この何年か後に、ブルース・リーと同等か、あるいはそれを超える世界的スター、ジャッキー・チェンと出会った時にも、その秘めたるパワーと魅力には驚かされたものだが、彼とは全く異質であり、その目に宿る輝きは、まさにカミソリのような鋭利な刃物だけが持ち得るそれであった。小柄ながらもしなやかな体が、その「鋭さ」を、より強いものにしていたことは言うまでもない。


リーとの会話は、その後、小一時間ほど続くことになる。

彼は、俺が空手、柔道、合気道の鍛練者であることを知るや否や、目を輝かせ、それらの理論上、実戦上での疑問を呈し、質問攻めにする。

「カラテか。日本のブドーはスピードこそないが、パワーと柔軟性はすごい」

言葉を理解できなくても、分かるように、アクションを多少加えながら話してくれる。

最初は世間話のつもりで話していた。

「そんなことはない。ボクシングほどではないが、空手はスピードも有している」

「カラテは直線的な攻撃だ。ボクシングやカンフーでは放物線上の攻撃もある」

ふいに彼の手がシュッと空を切った。

思わず、身構える。

「これが基本的な突きだ。カラテではどうだろうか」

ついこちらも真剣になり、正拳を繰り出す。

見たか、とばかりに彼を見つめる。

「確かに速い。だが攻撃の前に一瞬手を引くのは、隙にならないのか?」

彼の言うことにも一理ある。

「カンフーは構えから直接突きを出せるが、その分、パワーとしては劣る」

そう語りながら、彼は目の前にくりだされた俺の拳をしっかりと見据え、さっと腕をとった。

「このような投げ技をかけられた時には、どうする?」

彼がとった組み方は、カンフーよりも、むしろ柔道に近い。それなら、こちらの得意とするところだ。

「合気道の場合は、逆手で返す」

「そこから連続する投げはあるのか?」

俺は答える代わりに、彼の体を軽く持ち上げた。

やはり小柄に見えても、格闘家らしくどっしりとした重みがある。

「私は投げよりも、裏拳や膝蹴りを多用する」

彼の体が、膝が、胸元に滑って来た。

……速い。

そう感じた瞬間、右からピシッという音と共に足刀が飛んでき、こちらに触れるか触れないかのところでピタッと止まった。

「その方が次の攻撃に入りやすい」

なるほど。が、負けてはいられない、こちらも質問を返し、足を踏み出す。

「空手では、足刀を繰り出す場合、軸足を内側に入れ、力を溜めるのだが」

「つまり、軸足で踏ん張るわけか。カンフーでは、背筋と腰に

『ドラゴンへの道』のロケに向かうブルース・リーを空港で見送った時のもの。

力を入れるから軸足は外側を向くな」

と、彼の足がリズミカルに踊り、連続した回し蹴りを見せてくれる。

ビシッ。

シュッ。

スパッ。

試合さながらの張り詰めた空気。

アクション・シーン以上の緊迫した動き。

彼はその豊かなバックグラウンドから、最も適切と思われる知識を取り出してきては、答えを出し、実際に演じて見せてくれる。

……彼とのやりとりはまだまだ続きかねない雰囲気だったが、ホーの大あくびで、場の緊張が解けた。

結局この日は、次回、沖縄地方に伝わるある武器を持ってくるとの約束を交わして別れる。

「ある武器」とは、代々木道場の師範、東恩納盛男師範にいただいたヌンチャクである。つまりは、『ドラゴン怒りの鉄拳』の殺陣師、韓英傑（＝ハンインジェ）の目に留まり、後に〈ダブル・ヌンチャク〉として、ブルース・リーの映画には欠かせないアイテムとなるなど、思わぬ出世を遂げることになる、あのヌンチャクである。

その使い方まできっちり説明して実演してみせたのだが、映画では、少々変わった使用法をされている。

もちろん、ヌンチャク技がより映えるように、と工夫をこらした演出なのであろうが、実際のところは、ちょっと当たっただけで、簡単に骨折してしまうような危険な武器であり、たすき掛けにして振り回すようなことなど決してあり得ない武器なのだ。現に、彼自身も使いこなすまでにはかなりてこずったようだ。ましてや、撮影中は、ダミーのヌンチャクを使っていたため、手にしっくりと収まらず、何度も何度もNGを出したという。

とはいえ、俺が何気なく贈ったものが、この後、世界中の多くの少年たちに、〈アチョー〉と叫ばせ、さらには、紙やプラスチック製のヌンチャクもどきを振り回させるに至ったことには、大いに驚かされもしたし、正直、かなりいい気分にもなれた。

2

香港で迎えた一九七一年の暮れ。

スクリーンにはブルース・リーが、ブラウン管にはマイケル・ホイがいた。

年末と言えども、所詮、亜熱帯。風が涼しくなったな、と感じる程度の気温では、日本人としては気持ちの押し迫りようもなく、特に日常のペースが変わるようなこともなく、相変わらず昼も夜も撮影で忙しい日々を過ごしていた。

この二ヵ月余りの間に、リーとの友情も深まっていた。会えば、必ず、格闘技に関する話題で盛り上がった。

その際、リーは、映画の撮影に追われる日々を送りながらも、仕事の話は一切持ち出さず、徹頭徹尾、武道論を展開した。彼が俳優である以前に、マーシャル・アーティスト、武術家である何よりの証拠だろう。

さらに、少々鼻につく、彼のキザな態度——リズムを取りながら話し、時にはステップなんか踏んでみたりもする——にも馴染んできた。実際、彼は、金太郎飴みたいにどこを切っても、キザな男であり、それがどうしようもなく似合ってしまうのだ。

街のレストランで出会った時のエピソードだ。

ヴィクトリア湾を一望する、中華料理店を友人と訪れた俺は、その店のホールで、家族連れのリーと行き違った。

彼は、早くから俺に気付き、さっと走り寄ってきてくれた。そして、二言、三言言葉を交わした後、家族と共に店を出て行った。

その後、俺たちは、うまいと評判のその店の料理を、心ゆくまで堪能した。そして、値段の方も超一流のその店の勘定を払うべく、気持ちを整えつつ、財布を取り出した。

すると、その様子を見ていた店員が、ツツツッと俺たちのテーブルに近寄って来て、何か言う。聞けば、俺たちの分の勘定は、すでにリーによって支払われている、というではないか。

なんとスマート、かつキザなことか。鮮やかな手並であった。

当時、リーの行く先々で、大変な人だかりができ、彼の動きに従ってその人だかりが街中を移動していくといった感じだった。それは、まるでリーが香港を連れて歩いているかのようであった。

その、「香港を連れて歩く男」が、人知れず、俺の分の勘定を支払う、といった芸当をやってのけるのである。

憎たらしくなるほどに、カッコいいじゃあないか。

ちなみに、俺も、リーの向こうを張るわけではないが、この頃には、街に出れば行く先々で取り囲まれ、握手攻めに遇うようになっている。体にタッチされたり、笑顔で親指を一本突き出し「グッド」と声をかけてもらえたり、と、ようやくおぼろげながらに、「スターになりつつあるらしい」との実感が得られるようになっていた。

どうやら俺は、悪役俳優としては非常に恵まれていたらしいのだ。それが証拠に、街で人々

が見せる反応に、

「お前はラッキーだ、完全に善玉スターと同じ扱いじゃないか」

と言って、連れ立って歩く撮影所の誰もが盛んに驚いてみせたものだ。

これが、何年か前であれば、悪役を演じる俳優が見事に演じれば演じるほど、街中では、人々からの投石といった憎悪に形を変えた評価を受けねばならなかった。

俺がこれだけの扱いを受けたのには理由があった。

「笑顔」である。

スクリーンでのいっぱしの強面と、プライベートでの顔のギャップが、当時の香港の人たちには珍しかったのだろう。

この頃の香港俳優といえば、スターになればなるほど、その傲慢さが目に付くようになるのが常であった。ファンが叫んでいても手を振っていても、ムッツリしたまま、お愛想程度に手を挙げたり、中には、握手を求められて、逆にファンを突き飛ばすような俳優もいたのである。

それに対し、俺はいつもニコニコしていた。最近のアイドルにも負けず劣らずの笑顔である。

もちろん、ホーの笑顔に学んだところも少なくない。

かつて日本の占領下にあった香港の人達が抱いていた日本人像は、もっと酷いものだったに違いない。横柄で、残酷で、虚勢を張ってて……。しかし、ここにいるのは、他の人の名を呼ばれていようとも、それを理解する能力に欠け、ただ微笑みながら頭を下げているしかない、マヌケな、しかし礼儀正しい日本人なのだ。

「え、こんな日本人もいるの？」

てなもんだろう。

第一、こちらはつい最近までアルバイトで生計を立てていた、無名の俳優でもある。握手を求められたりなんかすると、嬉しくなって舞い上がってしまい、

「え？　俺？　俺でいいの？」

なんて言いながら、ズボンでごしごし拭いてから手を差し出すような有様なのだ。

だが、俺だって、好きで悪役を演じているわけではない。時には善玉、それも二枚目な役どころを演じてみたい。立ち回りもできないような、へっぽこ俳優の仇役ではなく、スタッフロールのトップに〈倉田保昭〉の名が記されるような役を演じてみたいのだ。

そして、できることなら、日本の映画界にも名を知らしめるようになりたかった。

「クラタ知ってる？　ニホンから来たクラタよ」

とお土産屋のおばちゃんが、日本人観光客に俺の名前を出しても、

「そんなヤツいたっけかな」

なんて不思議な顔をされないようなスターになりたいのだ。

3

ところが、一九七二年に入り、二本のショウ・ブラザーズ映画に出演し終えた頃、ある独立プロからの出演依頼が寄せられていた。

契約条項に「街のホテルを用意する」とあったため、

「俺も山奥のショウ・ブラザーズホテルを脱出し、街中に住めるようになったんだなあ」

などと感慨さえ覚えていた。

——それは甘かった。

翌朝になって案内された先は、外観で一旦萎んだ心を、内装や設備で挽回してみせることなど決してない、「ホテル」と呼ぶには無理がありすぎるほどの建物であった。早く言えば「ラブホテル」だ。

それでも、

「まあ、街中にあることだけは確かだ」

と前向きに検討した結果、この住まいを受け入れようと努めた。

——それも甘かった。

日が暮れたか暮れないかといった頃から、天井は目に見えて、ぎっこぎっこと揺れ出すし、両隣とを隔てる薄っぺらな壁は、お隣さんの有り様を、イヤになるほど克明に伝えてくるのだ。

「嗚呼ッ、阿亜娃藍好云――――ッ!!」

二六才の若い男には、あまりに艶めかしいこの声。

毛布を被っても、ラジオのボリュームを目一杯上げても、否応無しに耳に入ってくる。

それどころか、壁を叩けばそれに反応するかのように、聞こえよがしに声を張り上げ、音楽を流せば、それに同調するかのように、ベッドを揺らしてくるのである。

「ドン、ドドドドン、ドンドンドッドドン」

「ギッ、ギギギッコ、ギコギコギッギッ」

夜の香港に隣人とラジオの歌声が響きわたっていく。

鮮明に俺の脳裏に描き出された経過図を、冷静になって振り返ってみても、安普請もさることながら、皆さんのリアクションは異様なまでにオーバーであり……長い。

「所変われば品変わる」のである。

聞いたところによると、中国の人達は、あまり前戯に時間をかけないらしい。とすると、それだけインサートしている時間が長いのか？　そんな立派なモノをお持ちのようには、とても見えないのだが……。これも中国四千年の歴史のなせるタマものか？

後で知ったことだが、向こうの人々は、いわゆる〈西洋式の前戯〉を行うと男性にアンラッキーなことが訪れるとして、頑なに嫌がるのだという。それで、あれだけのリアクションがあるのだから、よっぽど中国人は〈強い〉のだろう。

それはさておき、こんな状態でも、数日間は健気に我慢していた。が、やはり、すぐに精神が疲弊し、ホテルの変更を申し出た。

次に紹介されたのは、外観は確かに「ホテル」を装っていたが、少しほっとして、便器に座った瞬間、バスルームの角をゴキブリが走り行き、ショックの余りベッドに倒れこんだ途端、タンスの上に巨大なネズミたちがうごめいているのが見える、そんな所だった。

これで、さすがの俺もカッと来た。

「こんな所に住めるか！　ホテルっていうのはな、海や夜景が目の前にグワーンと広がっていて、床にはチリ一つ落ちていないところを言うんだ。隣からギャーギャーよがり声が聞こえたり、ゴキブリやらネズミが走り回っているようなことは絶対ないんだ。一体、どうなっているんだ！」

しかし、

「そりゃ、一流ホテルのことでしょう。確かに、契約書には『ホテル』に住まわせるとありますが、『一流ホテル』などとはどこにも書かれていませんでしょう？」

とかわされてしまう。

そう返されれば、確かに一流、二流の確認を怠った俺に、落ち度があったような気がしてくる。「街中のホテル」という点では、確かに、異論を唱える余地はないのだから。

こういったすったもんだを繰り返しつつも、この独立プロとの撮影は終盤に差しかかった。そこで、出演料の請求をするべく社長に会いに行くのだが、台湾に「ちょっと」出かけているだけにしては、いつまで経っても会えない。そこで思い切って、「未払いのギャラを取ってきてくれる」という人に友人を介して頼んでみることにした。

その際、

「くれぐれも暴力だけはやめてほしい」

としつこいほどに念を押していたのだが、案の定、派手に暴れ回ったらしく、その男は警察に捕まった。

依頼した側として、警察からお呼びがかかるようなことはなかったものの、無論、独立プロ側は、俺が依頼したことは承知のはず。

結局、ギャラは支払われず、俺は泣き寝入りするしかなかった。

黒社会と映画会社との関係が密接どころか、黒社会そのものが直接経営する独立プロも少なくない香港映画界においては、こんなことはしょっちゅうだったのである。

それでも、出演依頼は次から次へと舞いこんでくる。最初のうちは、それらをこなすだけで精一杯だったが、黒社会がらみのトラブルを繰り返すうちに、ある事実に思い当たるようになっていた。

要は、こっちがぼやっとしているから、止めどなく出演依頼が舞いこむのだ。

言葉が分からない、契約書を完全に理解できない、そのくせ、弁護士もいないといった、ないない尽くしの俺など、海千山千の製作会社の人間から見れば、カモ以外の何者でもなかったのであろう。

たとえ、自分の働き扶持であろうとも、ぼやぼやしていると手に入らない、これは、貧困と欲望が渦巻く混沌とした社会の中で生きる香港の人々にとり、黒社会が公然と映画会社に存在することと何ら変わりない当たり前の事実なのであった。

これが応えた。

日本を離れて約一年半、疲れがたまり始めた頃ということもあり、傷跡にごりごりと塩を擦りこまれているみたいに辛かった。

が、ここでナメクジのように萎んでしまっていては、香港では生きてゆけない。

ましてや、スターになどなれるわけがない。

ここで取るべき道はただ一つ。これまでずっと抱き続けてきた広東語に対する苦手意識を払拭し、話せるようにならなければ。それも、かなり性急に。

この頃の香港映画といえば、撮影自体は広東語で行われ、アテレコで北京語が吹きこまれるのが常だったが、俺の場合に限り、日本語に北京語をかぶせてもらっていた。

撮影時には息継ぎ箇所を合わせるため、

「イチ、ニイサン、シィゴオ、ロク」

といった、意味無し日本語を口にするのだが、撮影が北京語で進められようが、広東語で進められようが、相手役のせりふの切れ目が分からなかった。そこで、切れ目切れ目を相手役に合図してもらうようにしていた。

例えばこんな具合に。

相手役が、

「そうだな」

と言って、顎に手をやる。そして、その次に、

「あいつをなんとかしなければ」

と言うせりふが入り、それが終われば、その手を離す。

そのせいか、俺の登場するシーンは妙に間延びしてしまっていた。激しく言い争うといった、両者のせりふがかぶるようなシーンの撮影はまずあり得なかった。

こんな状態では、広東語、北京語共に永遠に馴染まないであろうし、当然、話せるようにも

ならないであろう。しかし、事は自分のギャラを確保する、といった死活に関わる重大問題なのだ。

そこで、日本人と話さない、日本料理店に行かない、といった戒めを自分に課し、撮影後はさっぱり言葉の通じないスタッフたちの後ろにくっつき、ナイトクラブやレストランに出掛け、貪るようにして彼らが交わす広東語を聞いた。

何でもやってみるものである。この純粋なる向学心に心うたれてか、はたまた、不器用な俺に母性本能をくすぐられてか、ナイトクラブにいる女性の多くが、積極的に俺の広東語指導役を買って出てくれたのだ。嬉しいおまけにあおられるようにして、語学力は確実に上達していった。

それと共に、香港でやって行けるとの確信を徐々に強め始めた頃、リサと知り合った。

4

リサとは、友人を介して知り合った。

父親の仕事の関係で香港に滞在する、ドイツ人女性だ。

栗色の髪と瞳、透きとおるような白い肌、そして、ちょっと垂れ目気味の目が印象的な、とても可愛らしい女性である。

こんな女性が、これまで俺の出た映画を全て見てくれていて、素晴らしいアクションだと絶賛してくれるのだ。好きにならないわけがない。その日から、毎日のように電話で誘い出した。

リサとの共通語は英語とはいえ、香港の街をエスコートするには、やはり、広東語の会話力が必要不可欠であり、今この時を逃してどうする、とばかりに、これまでの語学習得の成果をいかんなく発揮してみせた。

食事に、ヴィクトリア・ピーク山頂にと、映画『慕情』のマーク・エリオットのように、ドクター・スーインならぬリサとのデートを楽しんだ。

今でこそ、ヴィクトリア・ピーク山頂は、噴水のある広場やショッピング・センターが広がる観光名所となっているが、この頃は、まだスペイン風のカフェレストラン一軒きりに、草原が広がる殺風景な所だった。

が、恋する男女には、お互いの存在が全て。風景なんてありゃあいいのだ。

この一軒きりのカフェレストランにて、人影の少ない遊歩道で、二人甘いムードを醸し出しつつ、時の経つのを忘れていつまでも語り合っていた。

拙い英語しか話せないといった、二人のもどかしい思いは、切なさへと転化する。

リサがうっとりと話して聞かせてくれる、ドイツの街並みを、俺も一緒になって夢想したものだ。

花と緑に包まれた街には、お城のような家が建ち並び、河には透き通った緑色の水がさわさわと流れている、そんな環境で生まれ育ったリサは、俺にとっては、まさしく、おとぎ話から飛び出たお姫様そのものであった。

まさしく、恋はマジックなのだ。

5

恋を一つ二つと経験し、すっかり香港に馴染み切った俺のもとに、ある日、いつもニコニコのホーがやってきた。そして、

「九龍城砦に連れて行ってやろう」

と言う。

この九龍城砦は一九九三年に取り壊され、現在は、中国庭園へと姿を変えている。が、俺が香港に滞在していた頃は、泣く子も黙る悪の巣窟として健在であった。

それも、かなりの迫力を漂わせていた。
参考までに、一九六九年の出版物から一部を抜粋してみる。

九龍城砦は、軍隊も警察も介入できない治外法権的暗黒都市として、あらゆるやくざ組織と、国際的麻薬組織網の根城、賭博場、アヘン窟、売春窟その他があり、電気水道ガスはなく、麻薬患者、変質者が横行し、人別帳もなく毎日何人かが殺され消されてゆく。あらゆる悪と背徳の地獄街として悪名を世界に轟かせていた。

(『ブルーガイド海外版／香港・マカオ・台湾』)

「悪と背徳の地獄街」、そんな大げさな、といった気がしないでもないが、このフレーズが世界で一番似合う空間であったことだけは確かだ。
なぜ、このような地獄街が形成されてしまったのか？　ホーのかなりいい加減な説明に、後で俺が学んだ知識を補足すると、一八四二年に香港島を、そして、一八六〇年に香港島対岸の九龍の一部を、そして一八九八年には九龍城砦を含む新界地区を九九年間の期限付きで、清朝政府から租借した英国だったが、どうしたことか、この九龍城砦内だけは、清朝の役人と軍隊の駐屯地として、租借地から外された。そして、一九一一年、辛亥革命が起こり清朝政府が倒れ、中華民国政府が立ち上がるのだが、相次ぐ内戦と日本への抗戦に追われ、この城砦はほったらかしにされ、時が流れた。

戦後を迎え、中華人民共和国が、

「九龍城砦は中国の主権下にある」

と公言しつつも、香港を抱える英国の「友好的態度」を認めてか、九龍城砦に軍隊を派遣するようなこともしなかった。

かくして、どこの国の法律も適用されないといった不思議空間、九龍城砦が出現してしまったというわけだ。

このぽっかりと存在する無法地帯には、中国共産党政権に追われた大陸のヤクザが多く逃げこんできており、殺人、強盗、密輸、売春といった悪事が公然と行われるようになったのだという。

実際、俺が訪れた頃から十年間、つまりは一九八〇年頃までは、警官が足を踏み入れることのできなかった地帯なのだ。

だから、正直、この九龍城砦内行きは、あまり気が進まなかった。

が、他でもない、親友ホーの誘いとあっては、断われまい。

「彼なら、黒社会の友人も多いことだし、顔もきく。まさか、命を奪われるようなことはないだろう」

あれこれ考えた結果、結局ホーについていくことにした。

決して、怖かったわけではない。格闘家の名において、九龍城砦ごときにおびえているのではないことを誓う。


それにしても、気味の悪いところであった。

まず、城砦周辺の近くは、空気からして湿って感じられる。それだけで、充分気味悪い。辺り一面には、腐った米にも似た、むせかえるような臭いが充満している。

ホーの後ろにピッタリと寄り添い、恐る恐る中に入ってゆく。

ホーが言うには、この城砦は何百軒といった家々が寄り集まり、ドーナツ状を形成しているのだとか。しかし、進むに従い無秩序さと暗さを増していく、じめじめの通路を歩いている限り、とても、そんな法則の下に建てられた代物とは思えなかった。

どの家も、建物の周囲を囲むようにして金網が張ってあり、その中で、ちらちらと人がうごめく様は、まるで鳥かごを見ているかのようだ。

薄暗い通路の脇には、真っ黄色の目で虚ろに一点を見つめる老人が、細く長いパイプをくわえ、座っている。アヘンを吸っているのであろう。

前を横切る、ガリガリの、毛が抜け落ちた犬ですら、ラリっているように思えてくる。

しばらく奥に進むと、娼婦が客を引き、目つきの悪い男どもがうさんくさげな視線を送ってきた。

これまでの二年足らずの間で、香港の全てを見てきたつもりでいた。蛇箱からクワッと蛇が飛び出してきたり、雑踏の中で、突如、豚の頭と目があったりといった入門編とも言える驚きを幾重にも積み重ね、最近では、撮影所の仲間の後ろにくっつき、かなり濃密な香港びっくり体験をしたと思っていたのだ。しかしその自信も、九龍城砦内に向かって一歩、また一歩と足を進めていくに従い、次第に薄れてゆきつつあった。

頭上すれすれのところまで垂れ下がる、電線やゴムホース。配管が壊れているのか、頭上から怪しげな水が滴り落ちてくる。いや、水じゃない。中世ヨーロッパの都市のように、糞尿を窓から投げ捨てているのだ！

軒先に蛇が干してある店で、何かを煮こんでいるのでホーに尋ねたところ、どうやら犬の肉だと言う。店の奥には、それらしき形をした、赤黒い肉が数匹ぶらさがっている。

突然吐き気をもよおして、壁にもたれかかった、その時だった。絵に描いたような悪夢が、突如、現実のものとなって俺を襲ったのだ。

胃酸の逆流を抑えることに必死だったため、ふっと目をやった時には、なんと、前方を歩いていたはずのホーの姿がどこにもないのだ。

さあ、大変だ。

すでに、かなり奥の方まで入りこんでしまっている。迷路のように入り組み、しかも、何が飛び出してくるか分からないような道を、娼婦や男たちの冷たい視線を浴びつつ、正しく戻る自信は全くない。

かといって、立ち止まりでもしようものなら、明らかに異なる空気を発している俺に、どんな危険なことが起こるか分かったもんじゃない。

何気なさを装いながらも、一刻も早く、ホーを見つけ出さねば……。

ゆうに数時間は経っていると感じられるほどの間、ホーの姿を求め、俺はほんの少し歩を速め、ひたすらに歩き続けた。と、黒いカーテンのかかる小部屋の方から、胡弓が奏でる何やら優雅なメロディーが聞こえてくる。

思い切って中に入ってみたところ、十人ほどいる男たちの前で、半裸の中国人女性が、長い髪の毛をだらりと顔の前に垂らし、音楽に合わせ、左右にもっさりもっさりと体を振っている。

ストリップ小屋だったのだ。

中国風音楽とストリップとの取り合わせは、猥雑さに満ちており、そこを大きなねずみが二、三匹ちょろちょろと歩いていくもんだから、これ以上ないほどに部屋の中は、淫靡な空気に満ちている。

優雅な胡弓の調べに惹かれ、入った所がこれだったもんだから、そのギャップの大きさにしばし唖然としたが、その数秒後には後ずさりを始めていた。

二歩三歩下がったところで回れ右。

急いで店を出ようとするが足がもつれてしまい、カーテンにくるみこまれるように倒れこむ。まとわりつくカーテンには、この部屋の臭気がびっしり結集しており、その匂いだけで気絶してしまいそうだった。

背後でガタガタと物音がし、誰かが近づいてくる！

そういえば、中には目つきの悪いヤツがごろごろしていた。出入り口の近くには、俺の顔を食い入るように睨んでいた男もいたっけ。ヤツに、俺が俳優だってことが、ばれてしまったのだろうか。「スター」の俺を軟禁して、身代金をたんまりふんだくってやろうとか、考えているんじゃないだろうな。いや、単に入場料も払わずに、無断で入ったことがいけなかったのか。

どっちにしても、かなりヤバいことになってきた。

その時、目の前にホーが立っていることに気付いた。

「ちょうど良かった。中のやつらが俺を……」

「中って？　誰もいないゼ」

振り返ると、ストリップ小屋の黒いカーテンが、風になびいて揺れている。誰かが追いかけてきそうな気配は全くない。

「しっかりしろよ」

脂汗でぎとぎと、かつ、極度の緊張で顔がこわばった、情けない「スター」に、彼は、いつものあたたかな笑顔を注いでくれたのであった。

彼の胸にすがりつき泣きじゃくりたい衝動をなんとか抑え、よれよれと九龍城砦を後にした。


ホーとは、旺角の辺りで別れた。

旺角といえば、風俗店の立ち並ぶ繁華街だ。

ここから、彌敦道に沿いホテルのある尖沙咀まで一人で歩いて帰るのだが、九龍城砦内で受けたショックが覚めやらぬままに、一人で香港の毒気たっぷりの繁華街へと踏み出した。

そして、彩色電視（再生テレビ屋）の前にさしかかろうとしたその時、千昌夫の歌う『星影のワルツ』が聞こえてきた。すでに日本では有線で何度となく聞かされており、食傷気味とも言えた曲だ。だから、そのまま俺は店の前を通りすぎていった。

とはいえ、久々に耳にする、日本の歌謡曲だ。耳は無意識のうちにもメロディーを追いかける。すると、自分でもさっぱり分からないのだが、急に胸を熱いものがこみ上げてきた。さらに激しく、俺の感情を何かが揺さぶる。やがて、それは激しい嗚咽と共に激しく流れる涙となっていった。

田園が広がるふるさとの情景、ぶっきらぼうな父親の顔、母の作ってくれた味噌汁の味、友人や合気道部の後輩たちの顔がぐるぐると頭の中を回っていく。

もうどうしようもなかった。

ただただ涙が溢れ出し、ただただ「日本に帰りたい」と思った。

大粒の涙を流し、それでもずんずんと歩いて行く俺を、道にたむろするインド人たちが、そして、すれ違う人々が、驚いて見つめる。

なぜ、こうも悲しいのか。

撮影現場には通訳もいるから、日本語に飢えているわけではない。

通訳や在住日本人からは感じ取ることのできない、極めて日本的な何かが千昌夫の歌う『星影のワルツ』の中にはあり、それがチクリと心を刺激したのだ。

その後、シャワーを浴びながら、そして、ベッドに横になり寝入るまでの間、わきあがった日本への郷愁は、おさまるところを知らなかった。

なぜ俺はこんなところにいるのか。
ここでなら俳優としてやっていけるのか。
仮にそうだとしたら、いつまでいればいいのか。
いつになったら、日本に帰れるのか……。
ああ、日本に帰りたい！
父に、母に、友人たちに会いたい！

「日本より香港での方が、スターとなれる勝算はある。それまで香港でとことん頑張り抜くしかない」
との結論が出たのは、朝陽の中であった。

Scene 4

『黒社会と、友の死と』

~台湾

どっかーん。

激しい体当たりの衝撃で頭がくらっとした。

「いててててて」

もう、何回こんなことを繰り返しただろう。

黒く、固く、そしてぶ厚いドアは押しても引いてもびくともしない。

「出せぇ――――っ！　ここから出してくれぇ!!」

ありったけの力をこめてドアを叩くと、間髪入れずに声が返ってくる。

「ウルセエゾ！　オマエハソコデノタレジヌンダ。アキラメテ、オネンネシテロッ。ソレガイヤナラ、オトナシク……」

「そっちこそ、うるせえ！　誰がお前らの言うことなんか聞くもんか！　おい、テメエ、ここを出たら、その横っ面に必殺パンチをお見舞してやるからな、よーく覚えとけ。そんで、今は殴らねえでやるから、ドアを開けてどんな顔してるか見せてみろ！」

「バーカ」

魂胆はミエミエである。

くそっ、なんでこんなことになっちゃったんだ？　俺が何をしたというんだよ……。

そのままズルズルと、ドアにもたれかかるようにして腰を下ろした。

「それにしても暑いな」

亜熱帯独特の蒸し暑さに加え、気持ちほどの小窓が一つだけ開いているような部屋だから、室内はもはやサウナ状態である。

それでも、流れるべき汗はない。ずっともう何も飲んでいないのだ。体は、とうに干からびてしまっている。さんざん叫び続けたせいもあって、喉がカラカラだ。

ああ、家じゃタンが美味しいご馳走を用意して、待ってくれているだろうな。

いや、もう待ちくたびれて寝ちゃったかもしれない。

ああ、腹減った。

1

「田中角栄」「日本列島改造論」といった言葉が、おふくろからの手紙に並んでいた一九七二年、夏。

この頃、俺の愛車は、エンストワーゲンからようやく卒業、当時、香港でも二台しかなかった、真っ赤なムスタングのオープンカーに替わっていた。

何本かの映画に出演、若干ではあるが、安定した収入が得られるようになると、自然、香港での生活にも慣れ、どうにかこうにかゆとりらしきものも見い出せるようになった。

そうしたある日、香港と台湾とに映画会社を持つファースト・フィルム社の社長から食事の誘いを受けていた。

例によって、出演交渉である。それも、台湾ロケーションで三本とのことだ。

香港の俳優の間で流行っていた黒サングラスをかけ、指定されたレストランへと向かったのだが、その途中である事に気づいた。

前がよく見えないのである。

そもそも、俳優たちがこぞって黒サングラスをかけるようになったのは、出演交渉時、相手に表情を読み取りにくくさせ、少しでも自分に有利な方向に交渉を持っていこう、といった理由からであった、はずだ。

が、ド近眼の俺の目にシェードがかかると、相当顔を近付けない限り、目の前にいる人間が判別できなくなってしまうのである。

つまりは、より深い思考と明晰な発言とをもたらすべき小道具が、思考と発言までをもぼんやりさせてしまう代物になり果ててしまったのだ。

これじゃあ、さっぱりである。が、台湾に行く気などさらさらなかったので、

「まっ、いっか」

と、サングラスはそのままで、待ち合わせした店内にずんずん入っていった。

ようやく香港に慣れたかなと思えるようになったのに、再び台湾で異邦人としてオロオロするのは、まっぴらごめんだったのだ。

しかし、流行とはすごいものである。

現れたのは、同じく黒サングラスの男であったのだ。やや前かがみになって、サングラスの奥から、俺の顔をじっと見つめ、無理な笑みをつくる男。

それに負けじと微笑み返す。

かくして、黒サングラスの二人は、ぼそぼそと交渉を始めた。

交渉は、香港流のらりくらりペースで進められてゆく。

「現在、出演中の映画だけで手一杯だ」

「どの映画も撮影の日程が大幅に遅れそう。だから、とてもじゃないが受けられそうにない」

などと、俺ものらりくらりと断り続ける。

たとえ、飛びつきたいような話であったとしても、そういった表情を微塵も見せてはならない。交渉次第で、ギャラが二倍三倍…十倍にもなり得る香港では、むしろこのイヤイヤの姿勢が礼儀に叶った由緒正しい方法なのだ。

そうして二時間が経過し、交渉は終盤を迎えた。その頃には、なぜだか台湾に行ってもよい、いや、行かなければならないと思い始めていた。

「この仕事にはあなたが必要なんだ。いや、あなたでなきゃ駄目なんだ」

と、彼はサングラスがとろけてしまいそうなほどの熱意でもって、かき口説いたのだ。

黒サングラスで頭の視界までもが、うすぼんやりしている俺に対し、敵はその中に吸いこまれてしまうのではないかと思わせるほどの、有効な小道具に仕立て上げてきたのである。

あっぱれである。

俺の負けである。

とまあ、社長の熱意と迫力とにほだされ、台湾での映画出演が決定した。

この決断が、後にとんでもない事態を引き起こそうとは、思いもよらなかった。

2

それから一ヵ月後の一九七二年九月。

ホテルの部屋でぼんやりテレビを眺めながら、台湾行きの旅支度をそろそろ始めようかなと考え始めていたところ、ショッキングなツーショットが飛びこんできた。

田中角栄と周恩来、つまりは日本と中国とが仲良く握手しているのだ。

ニュースは、日中の国交が実に約三十年ぶりに回復したことを伝える、日中共同声明の模様を伝えていた。日本にいる時であれば、

「めでたいことよ」

ですんだであろうこの知らせ。

が、今から台湾に向かおうとしている日本人にとって、このことは一大事であり、緊急事態であり、ピンチ以外のなにものでもなかった。

戦後、中国の内戦で共産軍に敗れた国府軍が流れついて以来、台湾にとって、中国は、「中共匪団」であり、周恩来は「中共偽政権頭目周恩来」であるのだ。

その日から、香港のテレビには『打倒日本人』プラカード、燃える日の丸、「日本に裏切られた」と怒り猛る台湾の人々の表情などが、生々しく映し出された。

どう考えてもタイミングが悪すぎる。銀幕の世界でなら、どんな逆境にも立ち向かえるが、現実の憎悪の重さに耐えられるほどには、神経は図太くない。

そこで、早速、映画会社の社長に契約の解消を申し立てに出かけた。

が、例のサングラス社長は、

「今、クラタは、香港人と同じことしているじゃありませんか。だから、誰もクラタのことを日本人だとは思わない」

といった不思議な論理と、

「危険な目には決してあわせない」

といった根拠が全くなさそうな割には、力強く響く社長の言葉とに、またもや丸めこまれてしまった。

もう、なるようになれ、だ。

台湾外交部は、日中の国交回復を、〈田中角栄が狼を部屋に招き入れた〉と表現したらしい。

この時、俺には、国交の断絶した相手国へのこのこ出掛けてゆく自分が、狼の待つ小屋へ向かう赤頭巾ちゃんのように思えていた。

のっけから感じが悪かった。

3

朝の便で台湾へとやって来た俺は、松山国際空港の税関にて、すでに気分を害していた。

係官は、俺が苦心して詰めこんだ鞄の中身を全て引っ張り出し、それらを一つ一ついじくりまわし、ついには財布の中身までも出して並べていったのだ。

そして、最初から彼らの厳しい視線を集め続けたラジカセには、やはり、高額な税金がかけられた。

「何で自分の物なのに税金払わなきゃいけないんだ」

と、憤慨すると、

「このラジカセはまだ新しい。これを台湾で売り、お金に換えてしまう人がいるから、その前に課税しておく必要がある」

と係官は冷たく言う。

こんな論理がまかり通ってしまうことへの驚き、そして、

「俺が日本人だから意地悪されているのだろうか」

といった疑念とで、到着早々から、不信感で満たされた。

が、不機嫌で憂鬱そうな顔をしたままでゲートを出てきた俺を、台湾の映画会社の人があたたかく迎えてくれた。

この、いかにも〈人の良いお父ちゃん〉然したセンさんには、今思えば、本当に何から何まで世話になった。

戦時中、日本の教育を受けた彼は、驚くほど流暢な日本語を話す人物である。そして、日本に対する恨み言を言うようなことも一度もなく、街中にある『打倒日本』の文字に怯える俺を、

「何も心配する必要はない」

と、俳優の柳生博さんにも似た穏やかな笑顔で安心させてくれもした。

その際のセンさんの言葉、

「私は日本の教育を受けました。ですから、今でも日本人と同じような考え方です」

は、妙に心にしみたものだ。

日本はかつて台湾を占領していたのだ、との事実をここで最初に実感した。

香港が、約四年の間統治されていたのに対し、台湾はおよそ半世紀にわたるのだから、俺が渡台した七十年代は、今以上に台湾の随所で日本の痕跡が見られた。が、どうやら、日本は植民地経営に未熟であり、ここから得られる利益以上のものを、社会基盤の整備に投資して去ったらしく、滞在中、俺に恨み言をいったり、責めたりするような人間は誰もいなかった――。

それはそうと、香港のサングラス社長よりは、確実に信頼できそうな人物に出会え、安心した俺は、さっそく、昼食がてら街を案内してもらうことにした。

けばけばしい外観がちょっと気になるホテルに荷物を置き、しばらく歩いていくと、映画館がやたらと目につく繁華街、西門町界隈へと出た。

台湾中の老若男女が集まっているのではないかと思えるほどの賑わいようだ。

香港と同感覚と思われる巨大な看板の下、食べ物屋、洋服屋と、様々な種類の店舗が立ち並び、そのくせ、ひょいと路地に入れば瓦屋根の日本式家屋が顔をのぞかせたりもする。露店、商品の配置など何もかもが、猥雑なことこの上ない。

本来ならここに賑やかな日本人団体客の姿も混じっているのだろうが、当然、それらしき集団は一つも見当たらない。

それに、聞けば、ここは台湾初の映画館をきっかけに、大きくなっていった繁華街だと言うではないか。俺がこの国で最初に訪れるのに、これ以上に相応しい街があろうか。

人々のエネルギーに突き上げられるようにして、俺もいつしか上機嫌になる。

ところが、しばらく歩いていると、街行く人々が、俺の方にちらちらと目をやって、ひそひそ話をしている姿が目に留まるようになっていた。

そのうちの何人かは、とうとう立ち止まって指差し始めた。

「もしや、日本人であることがばれたのか。この人込みで取り囲まれでもしたら……」

この土地では一人俺だけが日本人だと思うと、なんとなく心細くなる。

取るべき手段を追い求め、頭の中ではカタカタと検索が始まる。が、有効な手段などそう簡単に見つかろうはずがない。

と、そこに、センさんの驚きの声。

「ほう。さすが、クラタさんですね。あなたのことを皆よく知っていますよ」

そうだったのか。

びくついていると、ありがたいファンのちょっとした仕種まで、不気味に見えてしまうものなのだ。罰当たりであったと少々反省する。

ショウ・ブラザーズが、東南アジア一帯に興行チェーンを抱えていることを知ってはいたものの、やはり、生まれて初めて訪れた国で、突如自分を知る人々が現れ出たことは、とても落ち着かない気分になるものであり、と同時に、とても幸せな気分にしてくれるものであった。

「忙しくなりそうですね。当分、台湾からは出られそうにありませんね」

と、隣で笑うセンさん。

「冗談じゃない、契約が終わったら、一目散に帰ります」

と、本心からそう言う。

「何が起こるか分かったもんじゃありませんからね」

力んでその理由を述べようとすると、センさんは、

「まあ、まあ。そんなに台湾を嫌わないで……。」

と、やんわりなだめる。

そして、急に満面の笑みを浮かべ、

「台湾が何と言われているかご存じですか。宝島ですよ。食べ物は安くて美味しい、人は親切、女性は素晴らしい、ウッシッシッシッシ」

こちらは、国情を憂え、さらには命を賭して、仕事を完遂するべく決意の程を語っているというのに、一人いやらしく笑い出したオヤジに、思わずムッとしてしまう。

が、笑い続ける彼の楽しそうな横顔を見ているうちに、久しぶりに耳に馴染む流暢な日本語の影響もあり、怒りはすぐにおさまっていく。

そして、会って数時間だというのに、すでに彼に対する、懐かしさにも似た親しみを感じ始めている自分に驚きもしていた。

その後、センさんの太鼓判付き「台湾一餃子のうまい店」へ。

店内には餃子や包子を蒸す湯気がもくもくと立ちこめており、昼飯には少し遅い時間だというのに大変な大繁盛ぶりだ。

店内から見える厨房では、練った小麦粉を棒状にしてちぎり、それをまた手のひらで平たくして皮をつくり、そこに具をのせ包みこむといった作業が、目にも留まらぬ素早さで手際よく繰り広げられている。

いやがおうに高まりゆく「この店はやってくれるぞ」との期待。激しく踊り出す腹の虫たち。テーブル席に着くと、店員が注文を取りに来た、もちろんセンさん任せだ。

店員が去った後、聞くと、餃子を八十個も頼んだという。

「センさん、いくら何でも八十個は無理ですよ」

と半ばあきれ口調で言う俺に、

「台湾の餃子は、小さくてもの凄く美味しいんですよ。台湾の女性と同じでね……。ウッシッシッシッシッシ」

と笑いだす始末。

つられてこちらも、

「ウヒヒヒヒ……」

すっかり、センさんペースだ。

が、日本語で語るバカ話ほどオツなものはない。脳味噌の細胞一つ一つがのんびりとしわを伸ばし出したかのように、久々にすっかりリラックスして食事を楽しめた。

実際、お皿にこんもりと積み上げられた小ぶりな水餃子たちは、台湾の女性のようであるか否かは置いとくとしても、ジューシーであっさりとしており、四十数個食べても、もっと食べたいと思えるほどにうまいものであった。後日、聞いたところによると、うま味としてミミズのエキスを使っていると言うが、あくまで噂であって、本当のところはどうなのか分からない。

そして、ホテルへの帰り道では、当時、日本ではまだまだ高級品だったであろうバナナをたんまりと買いこみ、その際にも、

「台湾のバナナは、とてもたくましくて美味しい、ウッシャッシャッシャッシャッ……」

と二人一緒に笑い合った。

台湾では、少々お下品になってしまいそうだった。

4

「初日ですから何かとお疲れでしょう。ゆっくりお休みになって下さい。おやすみなさい」

日本語とはなんと優しい響きを持つ言葉であろうか。たとえ、その声の主がセンのおっちゃんであろうともだ。

久しぶりに交わした日本語での楽しい会話と、しばらくはなんとかやっていけそうだ、との感触を初日に得ることのできたせいか、

「日本は、中国とも台湾とも仲良くすべきだ」

などと、真剣かつ無邪気に考え、体も頭も疲れたところでコトンと眠りに落ちた。

——それから、三時間ほど眠っただろうか。

腹にすさまじい痛みを感じ目が覚めた。

食べ過ぎや冷たい物の取り過ぎなどといったなまやさしい痛みではない。目も開けていられないほどの鋭い痛みなのだ。

とりあえずは、便器にスタンバる。と、座るや否や、ぐうっと、腹を下方に絞りこむようにして、濁流が下り落ちた。

この時、腹のたがも一緒に流れ落ちたに違いない、と思えるほどに、その後も、一定の間隔ですさまじい濁流が下腹部から繰り出すように流れ落ちる。

一体どのくらいの時が過ぎたのだろう。

そのうち、胸の辺りが次第に気持ち悪くなってきた。ずり落ちるようにして、へなへなと便器を抱きかかえる。そのめくるめく痛みの中、頭の中では今日一日食べたものを順繰りにおさらいしていくのだが、特に何も思い当たらない。

「まさか赤痢とかコレラとか……」

顔面蒼白、汗びっしょりで、あれこれ考えつつもじっと耐えていたのだが、いっこうに痛みはおさまらない。

トイレから這い出ると、藁にもすがる思いでフロントに電話をかける。

が、英語も広東語も通じない。だから、ラブホテルみたいなホテルは嫌だったんだ。

それでも俺のただならぬ様子を電話口で察してくれてか、ボーイが目をこすりこすりしてやってきた。

この夜中に突然起こされ不機嫌きわまりないボーイに、真っ青で汗びっしょりの苦痛に歪んだ顔面を向け、腹を押さえ懸命に俺の窮状を訴えた。

無言であろうとも、

「これで理解できなければ、あんたは人間じゃないぜ」

と言えるほどの迫力はあったはずだ。

とにかくボーイはきびすを返すと、部屋から駆け出していった。

「もう少しの辛抱だ」

と、自分に言い聞かせ、再び便器を抱きに戻る。

長時間かがんでいたため、しびれて足の感覚はもうない。

薬か、医者か、救急隊員か。窮地にある客を助けるため、今この瞬間、ボーイの知らせを受け何が動き出したのかは分からない。

が、きっと誰かがなんとかしてくれる。固く、そう信じることによって、そのまま十分ほどを耐え忍んだ。

ようやくドアにノックの音。よれよれと駆け寄る。

ドアの向こうには、満面に笑みをたたえたボーイが、ラーメンの碗を手に立っていたのだ。

夜中、腹を指さし、何かをしきりにアピールする男を見た彼は、その男が腹がへっていると勘違いしたのだ。

この嫌がらせとも思えるボーイの勘違いに、思わず、カッとなった。が、衰弱しているためか、絶望感が先立ち、情けないことに、その場にへなへなとしゃがみこんでしまう。

それでも、手に注射を打つ真似などをし、ラーメンでなく医療的助けが必要なことを懸命にアピールし続けた。

ようやく彼に通じたらしく、今度はすぐに薬を持ってきてくれた。

飲んだ後、痛みこそ少し和らぎはしたものの、ベットとトイレとの間を行ったり来たりせねばならないことに何ら変わりはなく、そのまま一睡もしないままに、台湾第一日目の夜が白々と明けていったのであった。

「歯磨きの時に、生水を少し飲んでしまったのだろう」

これが、昼頃ノコノコやって来たセンさんの見立てだ。

一晩にして変わり果てた俺の姿が、ずいぶんと哀れだったらしく、陽気な彼もこの時ばかりはおとなしく、午後はずっとそばについていてくれた。

が、ボーイがくれた薬がよく効いたようで、その日のうちに痛みの方は取れ、帰りがけのセンさんの、

「クラタさん、大きくて立派な台北バナナを食べちゃったからかもしれませんよ。シシシシシ」

にも、思わず吹き出せるまでには回復していた。


……ああ、そういえば、センさんはどうしているだろう。

ここ最近、ずーっとバタバタしていたから、長いこと会ってない。

俺、このまま死んでしまうかもしれない。だとしたら、もう会えないかもしれないな。また二人でウシシシ笑いながら、餃子でもつまみたかったな。

いや。

変な妄想はよそう。俺は香港に帰るのだ。こんなところでくたばってしまうわけにはいかない。タンも待っているのだから。

が、きっとアイツらは、俺が承諾するまで、ここから出さない気だ。

そう、血の儀式とやらをやるまでは、帰さないつもりなのだ。

どうすればいい?

承諾するのか?

いや、俺にもプライドがある。

意地でもアイツらの言いなりになるわけにはいかない。

グゥ――――――。

……胃袋にはプライドがないようである。

5

台北到着三日目の朝、撮影がスタートした。

体はまだふわふわ、頬は少々こけ気味ながらも、なんとか参加する。

台湾第一作目は、テン監督の『英雄本色』。ジミー・ウォングとの共演だ。

彼は、六七年、香港での俺の恩師チャン・ツェー監督と組み『独臂刀』を大ヒットさせた。

その後も次々に大ヒット映画に主演しており、六十年代後半から七十年代前半まで続くことになる、ショウ・ブラザーズ快進撃の先鞭をつけた俳優である。

が、スクリーン外でもスキャンダルの多い俳優であったようで、現ゴールデンハーベスト社長のレイモンド・チョウとショウ・ブラザーズを離脱、現在は、こうして台湾の映画界に活躍の場を移してきているというわけだ。

しかし、そこは、香港の観客よりのお墨付きを取り付けている俳優だ。アクションは文句なく超一流である。

この『英雄本色』は、早く言えば、黒澤明の『姿三四郎』のパクリであり、俺は、ジミー演じる三四郎を激しく憎み敵対するも、彼と死闘の末、改心する源之助のような役を演じる。

このように、台湾映画について語る際、往々にして、日本映画と香港映画が顔をのぞかせるが、これは、この国の特異な成り立ちがそうさせるのである。

台湾が日本の統治下にあった、一八九五年から一九四五年までの五十年間は、各国が映画創成期を迎えた頃をすっぽりと内包する。

＊『英雄本色＝インションブンス』
1973年　第一影業公司
監督／テンサンシ　出演／ジミー・ウォング他

よって、台湾では、映画は日本人によって初めて上映され、創られた。初めての劇場も日本人の手による。

だから、この五十年間に台湾にて撮影された映画といえば、政府による記録的な映画の他には、日本の映画会社により製作された、政治宣伝的なものばかり。台湾の観衆は、もっぱら、日本映画、アメリカ映画を中心とする洋画を楽しんでいたようだ。

そして、一九四五年。

この年に、中国内戦で共産軍に敗れた国府軍が流れつき、そこから、ようやく台湾人の手による映画製作の歴史がスタートすることとなる。

が、なにせ、映画会社を持っているのが、軍と省と党。出来上がった映画は必然的に退屈なものばかり。

五十〜六十年代、台湾の観客は、依然として、日本映画（国民党は上映を禁止しようとしたが、日本の映画に慣れ親しんでいる大衆の強い希望により実行できなかった）、香港映画（北京語）、アメリカ映画といった外国映画ばかりを見ていた。

誰も見てくれない映画ばかり撮っていることに、虚しさを感じてかどうかは知らぬが、針路の変更を模索し始める公営の映画会社陣。

そして、六三年、香港ショウ・ブラザーズが持ちこんだ映画『梁山伯與祝英台』が大ヒットを飛ばしたことにも促され、香港、韓国、日本の映画を参考に、商業性、娯楽性の高い映画製作を目指すようになる。

台北の人口の九割、何十回と観た人も珍しくないという『梁山伯與祝英台』の大ヒットぶりに、香港映画会社陣も俄然注目。そこで、リーハンシャン、キンフーといった武侠映画のヒットメーカーたちが台湾に渡り、台湾映画史上最大のヒットを次々と飛ばしていくこととなる。

日中国交回復、対日断交がなされた直後、つまりは俺が飛びこんだ台湾映画界には、公営会社が国策映画として抗日戦の英雄を賛美するような戦争スペクタクルものを次々と上映するようになっていた。が、武侠映画などの娯楽映画は特に何の影響も受けず、相変わらずの絶好調を続けていたのである。

その後も、しばらくこの武侠映画ブームは続き、結局、七〇年代を通し、台湾映画全体の約四割を占めるほどの隆盛をきわめることとなるのだ。

6

『英雄本色』の撮影初日はロケということで、一時間ほど車に揺られ、郊外の撮影場所へやって来た。

スタッフに紹介してもらい、専用の椅子をあてがってもらう。そして、撮影の間、俺についてくれることになる〈茶水おばさん〉も紹介してもらう。

〈茶水おばさん〉とは、撮影の合間、飲み物をサービスしてくれるおばちゃんであり、アクションを伴う出演シーンが多い俳優にとっては、欠くことのできない大切な女性である。

午前中は、あてがわれたばかりの椅子に、尻の形を印象付けるにとどまる。

そして、昼時。

煮汁がこぼれ出て、包みにしみが出来ちゃってるような、そして、そのことがなんとも言えないあたたかみとなつかしさを感じさせてくれる、折詰めが皆に配られた。

それは、日本の弁当にとてもよく似ていた。どのおかずも、無造作なルックスとは裏腹に、びっくりするほどに微妙な味付けがなされていてうまい。中でも、ピリリと辛い唐辛子をご飯にのせて食べるのがとても気に入った。

「こりゃクセになる味だ」

などと大きく頷きながら、もりもりと食べた。

そんなだから誰よりも速く食事が終わってしまった。

来たばかりで、言葉も分からず、話し相手になってくれそうな人もいないもんだから、再び自分の椅子に浅く座り、ふにゃらと後ろにのけぞって大きく伸びをする。そして、〈満腹、満足、ゆえに、頭ぼんやり〉といった漂いくる至福の波に、ゆったりと身をゆだねるのであった。

と、そこに、突如男の怒鳴り声。

昼飯の満腹感で俺同様、ぼやーとしている撮影スタッフたちの間にも一瞬にして緊張が走った。

五十メートルほど離れているので確かではないが、声の主は、まだせいぜい十七、八才といった感じの少年だ。噛みつかんばかりの勢いで、スタッフ相手にがなり立てている。

午前中の撮影では見なかった顔だ。

撮影スタッフの一人ではないらしい。新聞紙にくるんだ細長いものを手にしている。

と、いきなり、その少年は俺のいる方角に向かって、

「ツァオニィ・マァー!!」

と理解できない言葉をがなり立て、猛烈な勢いで突進してきた。

ついさっき安全圏内であったはずの俺の居場所は、その男が近

撮影の合い間にホッと一息。後ろから忍び寄る黒い影は…。

づいてくるに従い、危険指数をどんどん上昇させていく。その上、新聞紙を後ろへ放り投げ、物騒なものを取り出した。

古びた日本刀である。

ところどころ錆び付いている部分が、血痕のようでかえって気味悪い。それを左手に持ち替えると、右手ですっと刀身を抜き出して、高々と頭上にかかげた。垂直に保たれた刃の上を太陽光線がツツツーと流れ落ちていったその次の瞬間、今度は、根元から刃先の方へ向かって凄味ある光がグワリとよぎる。まるで、刃自身が、我が手にかかることになる獲物を間近にし、武者震いしているかのように――。

女性スタッフたちから悲鳴が上がり、辺りの空気が緊張で引きつっていく。

何より、不気味なのは、男の尋常でない目つきだった。薬でもやってるのだろうか。激しい動きにもかかわらず、目ん玉だけは、終始、ピタリと動きを止めているのだ。

「ヤバイ、こんな奴相手の喧嘩に巻きこまれでもしたら、下手すりゃあ命を落とすぞ、よし退散だ」

俺は、密かにこの場所から逃げ出すべく、身構えた。そして、

「奴の視界に入らぬよう、ロケバスの後ろにでも隠れておこう」

と、目立たぬよう、シュルリとマイ・チェアからずり落ちようとした、まさに、その時、奴は

目玉をぷよぷよと数秒間泳がせた後、俺の顔にその照準を合わせてきた。

その時、奴との距離は、十メートル。相変わらず、わけの分からないことを叫び続けている。センさんは昼からだ。もし、仮に来ていたとしても、これを通訳している暇などはなかったろうが、とにかく、言葉が分からない。よって、俺がなぜこのような状況に置かれてしまっているのかも分からない。

「台湾と国交を断った日本国の代表として、俺は命を狙われているのだろうか」

いくらアクション俳優でも、理由が分からないことには、適切な動きの取りようがない。このあたり変に理性的である。

とはいえ、すでに、奴は眼前で大きく刀を振りかぶって、大きく踏みこむと同時に、勢いよく飛び上がっていた。往生際の悪い俺の頭も、空中で、こちらを見つめる奴の目を見た瞬間、奴の狙いが俺以外の誰でもなかったことを認めざるを得なかった。それも、頭をスイカ割りのスイカみたく叩き割って……。

日本のあらゆる格闘技を極めてきた俺だ。まさか殺されるようなことはない。うまく、逃げ出せば……が、足がすくんだ。

彼の視線、いや、日本刀の放つ光に射すくめられたかのように、一歩も踏み出せない。よれっと、俺が左側の草むらに倒れこむのと、シュッという唸り声を上げて俺の頭上に日本刀が振り下ろされるのとは、ほぼ同時だった。

気付いた時には、その場から離れていなかった俺の足、ではなく、靴底のヘッジ部分が、スパリと切り落とされていた。

ハッと我に返ると、脱兎のごとくその場から逃げ出した。とりあえずは、ロケバスに向かって……。その間にも、日本刀は何度も振り下ろされた。

周囲では、先程から、何やらけたたましくスタッフたちの声が飛び交うものの、ただオロオロするばかりで、制止しようという人間はいない。

仕方がないので、俺はバスを盾にくるくると逃げ回る。両者、肩で息をし、バスを挟み左右の窓越しに睨み合うようになって、ようやくスタッフの数人が一斉に男に飛びかかって取り押さえてくれた。

それを見届けるやいなや、全身から力がすっと抜け落ち、恐怖心が薄れるに従ってやり場のない怒りがわいてきた、

「どこの世界に、本物の日本刀で斬りかかられる役者がいるんだよ！　ましてや、今朝来たばかりの役者だぞ。あてがわれた椅子に半日きちんと座り続けている何ともおとなしい役者じゃないか。一体、どこに斬りかかられるほどの落ち度があったというんだ」

言葉が通じるスタッフが周囲にいないことも手伝って、怒りは、心臓の激しい上下動に乗り、

血流と共に身体中をかけ巡る。

スタッフが椅子を持ってあわてて駆け寄るが、まるでそこに腰掛ければ事態が丸くおさまるかのような、彼らの笑顔が気に食わない。

「俺は怒っているんだぞ」

といった意思表示をきっちりしておくためにも、彼らの手を払いのけ、喧嘩の後も低く唸り続ける犬のように、皆の目を下から睨みつけながら、どっかと腰掛けてやった。

そこに、途中、事情を聞いたのであろう、センさんが真っ青になって、怒り狂う俺のもとに駆けつけて来た。

そうして、ようやく事件の経緯とその背景とが、彼の口から明かされることとなった。が、その、すさまじいこと。香港映画界同様、台湾映画界にも暗部はあったのだ。

台湾映画の多くは、他の映画会社に真似されないよう撮影を全て台本なしで進行させる。しかし、一本のヒット映画の後には、十本を越える亜流作品が続く――。

これは香港でも日常茶飯事だ。

そして、役者への出演強制などといった、明らかに黒社会が関与していると分かる物騒な事件の数々――。

これも、香港ですでに免疫が出来ていたので、それほど驚かない。驚いたのはその次だ。

台湾では、なんと悪役俳優のほとんどが、実際の黒社会の連中で占められているらしい。それも幹部クラスの連中だけに出演権があり、映画出演は、彼らにとって一種のステータスシンボルともいえるようなのだ。

とはいえ、悪役としての出演というところが、分をわきまえているというか、なんともいじらしくもある。

そんなところへ、俺が香港くんだりからわざわざ「悪役」をするためにやってきたので、彼らが怒ったというわけだ。俺は彼らのライバルなのである。

それにしても、えらく面倒なライバルだ。

7

香港、台湾を問わず、「裏の世界」の人々が映画産業に密接に関与しているということは、それだけ、この業界に金があるということをも意味し、景気の良い話ではある。

現に、日本だって、映画産業が盛んな頃には、映画の興行収入や、映画館の警備費などの名目による収入が、暴力団組織の資金源となっていたのだ。

俺だって、チョイ役続きながらも、日本の映画界にて仕事をしたことのある人間だ。その辺の察しはつく。それに、日本を一人で出てきた時から、多少の危険は覚悟の上だ。

それにしてもだ。まさか、着いた早々に日本刀で斬りかかられるとは……。

「よし、こうなったらガキの頃の喧嘩と同じだ。弱い奴がつつかれる。やられたらやり返してやればいい」

と傷ついた心にむち打って、二日後に再開された撮影になんとか参加する。

が、気に食わないのである。

香港では、アクションシーンの撮影中、惜しみなく発される監督、ディレクターからの「ダメ」の連打を心地好く感じていた人間が、すぐにOKを出されて、嬉しいわけがない。

だいたい、厳しい目でもって撮影に臨むべき、アクションディレクターやスタントマンたちが、一日中、ビンローをクチュクチュ噛み続けているのも非常に気にさわった。このビンロー、石灰を塗った葉にくるまれている木の実なのだが、この石灰が、口や歯を真っ赤に染めてしまうので、フリークは〈紅唇族〉などとも呼ばれているらしい。その上この紅唇族、しょっちゅう、これまた真っ赤な唾を地面にペッと吐き出す。

撮影開始から数日の間は、まるで、吸血鬼の集団に一人まぎれこんでしまったかのような、落ち着かなさを覚えたものだ。

とはいえ、いつもニコニコの人間的に憎めない奴が多いものだから、黒社会の一員であるか否かはよく分からないままに、次第に彼らと冗談を交わせるまでに、親しくなっていった。

まるで火薬庫みたいな撮影現場のこと。

次なる騒動はすぐに持ち上がった。

その日の撮影は、朝から台北にあるナイトクラブを借り切り、白のスーツでビシッと決めたボス役の俺が、子分と一緒にテーブルの間を悠々と歩いて見せる、といったものである。

「イベー、キャメラ」

監督の声で、テーブルに着く五十人ほどのエキストラが一斉に動き出し、ボーイ役がせかせかと歩き出した。

そして、俺も前方にじっと目を据えつつ、ゆっくりと歩き始める。

すると、エキストラの一人が、俺の前にすっと足を出してきたのだ。

俺がそいつを睨みつけると、その周辺に座っていたエキストラ四、五人が、椅子が後ろにひっくり返るほどの勢いでガバリと立ち上がり、あっという間に俺の周囲に立ちはだかった。

「タマー！」

との奇声を発し（『お前の母ちゃんデベソ』の北京語バージョン。これはもっと過激で『テメエのババアをいたぶり殺してやる』といった意味がこもっているらしい)、そいつらが殴りかかってきたのはその一瞬後だった。

またただ。

今日はアクションの撮影などないはずだというのに、またセットの中で喧嘩しなくちゃならないのか……。

が、武器がない限り、いくら、喧嘩慣れした黒社会の連中とは言え、アクションで食っている「プロ」の敵ではない。

「喧嘩はするな。何かを守る時にだけ、死ぬ気で戦え！」

幼い頃、武道を習い始めたばかりの俺に、父が言った言葉。そうだ、俺の手は武器だ。愛すべき者を守る時以外、武器は使ってはならないのだ。

幸い、一人一人の手足の動きがはっきりと見て取れ、それら全てを余裕をもってかわせそうだ。そんな素人さん相手に、技で対応する必要などない。余裕もあることだし、ひたすら攻撃をかわすことだけに徹する。

ところが、そうこうするうちに、よけようとして出した腕が、偶然飛びこんできたチンピラのみぞおちを捕えたらしく、一人が床に転がってピクピクと痙攣を始めた。

他の男たちが、驚いたようにこちらを睨みつける。

「おいおい、俺、何もやっちゃいねぇよ」

そう主張しようとして、ブンブンと大きく振ったその手が、今度は別のヤツに手刀を浴びせることになってしまったらしい。

また、一人転がってしまった。

「え？　ええ？　違うって。わざとじゃねぇよ」

日本語でそう叫ぼうとも、相手に分かるはずもなく、残った連中はじりじりとにじり寄ってくる。

そこに、ようやく監督たちが止めに入ってくれた。いや、きてくれたはいいのだが、彼は飛びこんでくるや否や顔面にパンチを受け、後ろにぶっ倒れてしまったのだ。

あわてて駆け寄り助け起こそうとしていると、連中の方でも違うのが倒れたんで驚いたのであろう、それをきっかけにばらばらと逃げていった。

やれやれである。

が、顔の真ん中が鼻血でぐしゃぐしゃになってしまった当の本人である監督が、タオルで顔をぬぐいつつ、

「さあ、続けるぞ」

と言うのだ。

その言葉は、撮影にかける監督の熱き情熱から出た言葉では断じてなく、この種の騒ぎに慣れ、感覚が麻痺してしまった人間のそれであった。

スタッフたちも乱れたセットを整え終わると、監督同様、何事もなかったかのように、仕事に取りかかる。

それを見ていると、怒るのがなんだかアホらしくなり、俺も再びそのシーンを撮り直すべく、スタンバイしたのであった。


……ギィ――――。

重々しくドアが開いて、奴らが入ってきた。

数時間前、ナイフを俺の頬に押し当てていた男が、コツコツとコンクリートの床に音を響かせ、近寄ってきた。

そして、おもむろに俺の人差し指を握ると、先を一センチほど切り裂いた。

「ツゥ!!」

思わず声が漏れる。が、抵抗はしない。

俺は奴らの言いなりになったのだ。

たとえ、スクリーンに人生の全てを捧げるためであっても、タンという最愛の女性のためであっても、言いなりになったことには違いない。

ズタズタにされたボロ雑巾のような惨めな気持ちで、俺は奴らと契約を交わした。錆びくささとアルコールの匂いとが入り交じった、血の味の契約だ。

鋼鉄の意志をグラグラと揺り動かした哀れで情けない胃袋が、右方向にぎゅーっと絞られる。この瞬間、かろうじて保たれていた俺のプライドの全てが、ガラガラドッシャーンと見事に崩れ落ちていった。

8

「クラタさん、お粥食べに行きましょう」

撮影終了の声と共に、センさんはこう言い、よく俺を食事に誘い出してくれた。

十月二日、日本製薬品の一時輸入停止。

「日台間の国交が断絶しても、台湾市場を放棄する考えはない」との、某日本自動車メーカーの会見の様子。

十日、台湾最大の国家行事である双十節にて、蒋介石が田中首相を名指しで非難する様子。といった具合に、日本に関するニュースは、異国で一人頑張る俺の重荷となるものばかり……。

これらと、たまりにたまった撮影中の鬱憤とで、この頃の俺の心はストレスでぱんぱんにふくれ上がっていた。

そのガス抜き役が、センさんであり、お粥なのである。

妙に食に対する好みが共通していたセンさんとは、一日四食というこちらの人々の習慣にのっとり、撮影後、二人で台北の街に繰り出しては、うまいものを食いまくっていた。その台湾に数あるうまいものの中で、一番気に入っていたのが、夜食として食べていたお粥だ。

大の男が二人、お粥をすすりにいそいそ出掛けるのもどうかと思えたが、大きく切ったサツマイモがゴロゴロ入っている蕃薯粥の美味さを前にすれば、誰もがそうなってしまうはずだ。

ひねてしまった舌では、二度と感じ取れないのではないかと思えた、幼い頃に慣れ親しんだ懐かしい味が、この蕃薯粥の中にはほっくりと横たわっていたのだ。

それをふうふう言わせて食べながら、

「クラタさん、台湾の映画界ってこういうもんなんですよ。お願いですから、契約分、頑張って下さいヨ」

とセンさんに言われると、俺もつい、

「台湾にいる間、お世話になります。よろしくお願いします」

と返してしまうというわけだ。

9

気持ちよく晴れ渡った休日の朝。

俺は、西門町にある映画会社の事務所にて切実に訴え、センさんは横で笑い崩れている。

俺の訴えとは、香港でもさんざん悩まされたのと同じ、夜中、隣室から聞こえてくる遠慮会釈のない悩ましい声についてである。

約二週間、我慢に我慢を重ねてきた。

が、映画会社の用意したこのホテルは、ほとんど連れこみ宿と化しており、廊下では、しょっちゅう、ごてごてと化粧した女たちとすれ違う。

しかも、声のトーンは香港に引けをとらない。いや、むしろオーバーなくらいで、悶えているというよりも、泣いているといった方が適切なのだ。

その愛の交換日記を、周囲を全く気にせずに行うわけだから、こっちは気が気でない。

「強盗でも入ったのか?」

などと勘違いし、何度部屋に飛びこもうと思ったことか。

今朝は今朝で、ホテルのボーイから、

「クラタさん、一人で寂しいよ。オンナ友達、紹介、大丈夫よ」

と日本語で声をかけられた。

「ひょっとして、このホテル内で一人おとなしく寝ているのは俺だけなの?」

と、むくむくと沸き上がってきた懸念が、堪忍袋の緒をぷつりと切った。そして、事務所に駆けこみ、先程からホテルの変更を訴えているというわけだ。

が、その理由を真剣に語れば語るほど、センさんの笑いが止まらなくなる。

何せ、餃子、バナナで、

「ウヒヒヒヒヒ……」

と喜ぶようなおやじだ。

この直接的な話で、

「ウヒヒヒヒヒ……」

しないわけがない。

それでも、ひとしきり笑い終えると、快く、ホテルの変更を了承してくれた。

それから二人、事務所を出て、台湾観光地巡りへと繰り出した。

陽明山、淡水の紅毛城から対岸の観音山や淡水河、さらには海を臨み、次に国立故宮博物院へ。最後に、中央電影撮影所を回り、久々に街の喧騒を離れての、緑が吹き出す新鮮な空気を楽しんだ。

鮮やかな朱色と自然の緑とがコントラストをなす美しい台湾の休日を、心ゆくまで堪能できたのである。

途中、小さなうどん屋で、カレー味の牛肉そばに舌鼓を打ち、夕刻、事務所に帰り着いた俺を良い知らせが待ち受けていた。ちょうど手頃な、新築の賃貸マンションが見つかったというのだ。

その足で、仁愛路四段にあるマンションを見にいったのだが、幅の広い緑の並木道沿いに位置する、その瀟洒な外観もさることながら、地下にスーパーマーケットがあるなど、なかなか気がきいている。すぐに翌日から移れるよう手筈を整えてもらった。

10

ワンが頭を刺されて死んだ。

彼は俺の子分役の俳優だ。

昨夜、酔っぱらって女性を口説いている最中、タクシーの運転手とちょっとしたことで口論となり、頭を刺されたらしい。運転手が振り向きざまに放った、長さ十五センチにわたるドライバーでの一撃は、一緒にいた仲間をも縮み上がらせてしまうほど、強烈で残酷なものだった。

凶器と化したドライバーはワンの眉間から後頭部へと貫通、彼は何が起こったか理解せぬまま、その場で崩れ落ちていったのだという。

いかつい外見のわりには愛嬌ある奴だったが、ドライバーにドライバーで刺されるなんて悲しすぎる。

台湾のタクシードライバーが乱暴であることは、先日の総統選挙でも知られたことだが、当時の運転手は特に悪名を轟かせており、そのほとんどが黒社会がらみの人間だったというからたまったもんじゃない。聞けば、ワンを殺したヤツも、よく騒ぎを起こしていたようだ。

脳裏を彼の笑顔がよぎる。

そういえば、この前〈エキストラ〉に襲われた時も、必死に止めに入ってくれたっけ……。

人の命のはかなさを思いつつ、彼について知っている限りのあれこれを思い巡らせる。

撮影所内も朝から大騒ぎだ。

が、彼らはひとしきり騒いだ後、新しい子分役を紹介すると、意外にあっさりと撮影を再開させた。シーンごとに子分の顔が変わろうとも、監督はあまり気にならないようなのだ。

が、俺の方は気になる。

ストーリーの最初から順序良く撮影しているわけではないので、全編通してフィルムを回していけば、必然的に、俺は、場面場面で違う顔した子分を引き連れ歩いていることになる。そうなると、まるで、バカ親分に見えてしまいやしないだろうか？

さらに、気になることには、あまり動じている様子のない周囲の反応だ。そう、彼らからは、こういった事件に対する慣れのようなものが感じられ、俺もおちおちしていられないことをじんわりと感じていたのだ。


物騒なことは続いた。

ワンの事件の二、三日後、台湾人俳優と西門町を歩いていると、警官に呼び止められたのだ。

この時、台湾は一九四七年から八七年までの間、敷かれ続けた戒厳令下にあり、それゆえ、警官はぎらぎらと高圧的、かつどこか不気味な雰囲気を漂わせていた。

表の権力を握っている分よけいに、黒社会の連中以上に、関わりたくない連中である。まず、二人連れの一人が顎をしゃくり、路地裏の方に行け、と指示。

尊大なことこの上ない。そして、

「髪の毛が長過ぎるから今から切る」

と言って、側に止めてあったトラックに俺を押しこんだ。

言っとくが、長いといっても今流行りのロンゲほどじゃあない。口うるさい日本の学校の校則検査ならひっかかるかも、といった程度だ。

「映画の撮影中だから、今切るわけにはいかないんだ」

と俺と友人とで代わるがわる説明しても、全く聞き入れてもらえない。

あわてて電話でセンさんに来てもらい、ようやく事なきを得た。

警官側には「日本人だから」といった理由も少しはあったろう。が、この国では長髪が禁止であったことは確かな事実なのである。

とかく、髪の毛の長さを他人にとやかく言われることは気分の

当時の著者。髪はそう長いとは思えない。

悪いものだが、それが警官となればなおさらだ。

それにしても、思想統制と髪の毛の長さはどこでどう関連してくるのだろう。軍や警察は「危険思想と髪の毛の伸び具合」に関する秘密データでも隠し持っているのだろうか。

11

台湾は美しい、夢の島だ、宝島だ。

そう思うようになったのは、タンに出会い、恋をし、二週間後に一緒に住むようになった頃からである。

彼女とは、友人を介して知り合ったのだが、女優とモデルをこなす彼女は、すらりと背が高く、小さな丸顔、すっきり整った目鼻立ちと、実に可愛らしく魅力的な女性で、俺の一目惚れだった。

仕事が終われば、彼女のもとにかけつけ、食事やダンス、名所巡りといった彼女との時間を楽しむ。

タンと一緒に見た台北郊外の風景は、どこか日本のそれと似ていて、少年時代の故郷を思い起こさせた。田圃では、水牛がのんびりと歩を進め、その向こうに生い茂るヤシやバナナの合い間からオレンジ色の夕日を望むと、これまでの嫌なことも忘れてしまうかのようだった。

また、黒社会の連中がはびこる台北市内とは異なり、郊外に出れば出るほど人々は優しく、あたたかい。カタコトの日本語を話す人にも出会え、強い郷愁に駆られることもある。

が、今の俺にはタンがいる。

北京語しか話せない彼女と広東語と英語（それも少々）しか話せない俺だが、二人の時間は飛ぶように過ぎていった。

たまに、撮影所に彼女を連れていったりもした。

ある時、彼女の視線を感じ、身も心もふわりと軽くなっていたのか、かなり高く飛び上がり過ぎて、着地の際にトランポリンを踏み外してしまったことがあった。

痛がる俺のまわりにスタッフがどっと駆け寄ってきた。ただ、彼女だけが、気丈にも、今いる場所から微動だにせずに俺をじっと見つめ続けている。この反応には、俺ばかりかスタッフたちまでが驚いた。

「さすが、アクションスターの彼女だ」

といった彼らの言葉がなんとも誇らしかったものだ。

幸いけがは大したことなく、二、三日彼女に付き添われ、鍼灸院に通っただけで、無事撮影に復帰できた。

その三日後、波瀾にとんだ二ヵ月にわたる台湾第一作目の撮影がクランクアップ。

俺がタンに惚れ直している間に、亜熱帯の台湾もようやく冬仕度を始めつつあった。

12

台湾第二作目は、ジミー・ウォング同様、「不死身の四天王」の一人であるアクションスター陳星と、台湾一のアクション女優、上官霊鳳（＝シャンカンレンフォン）との共演だ。

陳星とは香港でも何度か共演していたが、上官霊鳳とは、初顔合わせ。くりくりとした瞳を持つその愛くるしい顔立ちからは想像もできないほどの、力強く美しいアクションを見せる彼女の評判は高く、俺も渡台前から、彼女との共演を楽しみにしていた。

撮影初日。

何はともあれ、美人に出会えることが嬉しく、予定の時間より幾分早く撮影所入りした。ところが、彼女が一向に現れない。

これは、毎度のことらしく、スタッフたちも特に気にする様子もない。

予定の時間に遅れること三十分。大スターとしての貫禄を漂わせ、彼女が大あくびで撮影所入りした。

女優の多くがそうであるように、すっぴんで登場し、こちらには脇目もふらず、そのままメイク室へと直行していく。が、ここから先が、永遠とも思えるほどに長かった。

待てど暮らせど出てこないのだ。

「おい、彼女、寝ちゃってるんじゃない？」

「ひょっとして、今日の撮影はもう取り止めになったの？」

などとあれこれ考え、修行僧か何かのようにただただじっとこらえて、待つこと三時間。ようやく彼女が現れた。

確かに、先程前を通り過ぎていった時よりは、目が三倍は大きく見え、美しくはなっている。それにしても、三時間もどこいじっていたんだ？

三時間丹精こめて作り上げられたという、彼女の顔をしげしげと見つめた。何せ、三時間待ってんだ、それくらいの無礼は当然許されるだろう。

俺は、台湾に一人っきりかとも思えるほどの、肩身の狭い立場にある日本人だから耐えたのだ。そう、

「クラタはすぐ怒る」が、いつしか、

「日本人は傲慢だ、やっぱり東洋の鬼だった」

にもなりかねないから、耐えたのだ。

そこに、猫なで声出して、

「クラタァ〜。ゴメンナサ〜イ」

されても、俺のこの気持ちはほんの少しだけしかおさまらない……。

昼過ぎからようやく始まることとなった撮影に、黙って取り組んだ。けなげにも、その怒りをアクションのパワーへと昇華させ、ただ演技に集中した。

上官霊鳳の方でも、この三時間かけたメーキャップの成果を見よ、とばかりに、素晴らしいアクションを見せた。

とても女性とは思えないスピード、技、パワーとで、シーン、シーンを完璧にまとめていく。

メーキャップの方も、決して乱れることはない。

さすが、アクション女優である。

翌日。

彼女のメーキャップ時間は、四時間にも及んだ。

「俺はお昼過ぎからの撮影所入りにしてもらえないかな」

喉元までくるこの言葉を何度飲みこんだことだろう。そして、毎日四時間、まるで、日の丸を背負って立っているかのような思いで、待ち続けた。

我ながらよく頑張ったと思う。

ただ、これを機に、非常に短気だった性格が、目に見えて我慢強くなったことだけは、彼女に感謝してもいいだろう。

そして、俺が我慢強くなればなるほど、彼女のメイクも厚くなり、撮影が終盤に差しかかる頃には、歌舞伎役者のような面持ちになっていたことも追記しておかねばならない。


二本目の映画の撮影が終了すると、いつしか一九七三年も明け、渡台四ヵ月目に入ろうとしていた。

この頃、俺は、「長いメーキャップ時間を耐え忍ぶ」という、日本国民を代表しての責務から解放されたばかり。その上、タンのお陰で、北京語もだいぶ理解できるようになったこともあって、心はいたって軽やかであった。

が、ここで俺は台湾にて最大、いや人生を通して見てもきっと一、二位を争うに違いない決定的なミスを犯すのだ。

ここで一度出国すべきであった。

さらには、映画会社の、

「滞在延期手続きは全てこちらでやる。ノープロブレムね」

という言葉をうのみにしたのがいけなかった。期限がきた時点で、香港に帰ればよかったのだ。

それなのに、

「全撮影が終わるまでは。契約は契約だ。それが日本男子というものだ」

と、変につっぱったりしたから……。

この何ヵ月か後に、国交のない国に一人いる日本人としての自覚が、この瞬間ほど必要とされていたことはなかったと、思い知ることとなる。

13

台湾の生活に彩りを添えたのがタンだとすれば、ジミー・ウォングはスパイス効かせ役といったところか。

ジミーとは、騒動の絶えなかったあの第一作目で共演して以来、付き合いが続いていた。

が、何せ香港に続き、台湾でも黒い噂の絶えない、かなりやばい人ではある。

そのため、俺も最初は遠巻きに見ているようなところがあったのだが、撮影所で接する彼は、面倒見のよい人好きのする男で、俺の兄貴分的存在となるのに、そう時間はかからなかった。

よく俺とタンの二人を方々に遊びに連れて行ってくれたが、行く先々で熱烈な歓待を受け、その度に彼の顔の広さを思い知ることとなった。すらりと背が高く、貴公子然とした顔に潜む天性のものと思えるその魅力のなせる業であろう。

現在、彼は台湾をベースとし、プロデューサー兼俳優としてジャッキー・チェンの『ファースト・ミッション』『ドラゴン特攻隊』などを製作するなどの活躍を見せ、何年か前には、日本のある雑誌上にて、自ら黒社会のメンバーであることを明かす、といった大胆なこともしている。

さらには、その同じ誌面上にて、黒社会は中国人同士の互助組織として必要なものであり、黒社会＝犯罪組織でないことも語った。

こんなところからも、豪放磊落かつ侠気あふれる彼の性格がうかがえることと思うが、七十年代当時の彼にも、すでにその種の魅力が備わっていたように思う。

映画一本のギャラが、現在の金額に換算して約三千万円にもなるというのに、七本ほどの映画に同時に出演、さらに、撮影合間の休憩時間に、温泉へ、そしてある時は女の子と…といった具合に、しょっちゅう俺を遊びに誘い出してくれ、撮影終了後は、スタッフを大勢引き連れ、夜中の二時、三時まで飲み歩いていた。とにかく、超人的ともいえるほどタフな人なのである。

黒社会間の抗争がらみで、「ナイトクラブで歌手がピストルで撃たれ殺された」とか、「レストランで食事中、俳優が四、五人のチンピラにナイフでメッタ刺しにされ殺された」とかいったニュースが頻繁に聞かれる時代であったから、ジミーほどのタフさを持ち合わせていなければ、生きてゆけなかったのであろう。

実際、彼には敵も多く、撮影現場にピストルを持ってきていたこともあったようだ。

俺のほうは俺のほうで、撮影中、スタッフ同士のケンカに巻きこまれ血だらけになったり、帰り際、待ち伏せしていたチンピラに襲われたりと、その度にジミーが飛んで助けにきてくれたからよかったものの、相変わらず撮影外でのアクションを余儀なくされていた。

だから、正直、当初の契約分である三本の映画撮影が終了した時には、よくぞ命よ残っていた、と人知れず胸をなで下ろしたものだ。

……いや、この時に命を落としていた方が、まだよかったのかもしれない。

そうすれば、奴らと契約を交わすこともなかった。

こうして、自分を責めることもなかった。

夢は朽ち果てようとも、誇りだけは持っていられたのである。

台湾の黒社会と映画界が繰り広げる幼稚な茶番劇に出演している今の俺は道化に等しい。

もちろん、タンにはこのことは言わなかった。

いや、言えなかった。俺のプライドを強姦されたようなものだ、言えるわけがない。それに、脅しに屈したと思われたくもなかった。

確かに奴らは、俺を取り囲み、首筋にナイフを突きつけて脅した。

一日でいいから出演しろ、と。

この時ばかりは俺も「やられる」と思った。

死が頭をよぎり、心臓がびりびりと震えた。

だが、決して恐怖に屈したわけではない。

かと言って、空腹感に耐えられなかったわけでもない。

だから俺は、自分にこう言い聞かせた。

「一日も早く香港に戻り、本物のアクション映画に出る。命が惜しかったのではなく、夢を捨てることが嫌だったのだ」

と。

14

三本目の映画撮影が終わる頃から、俺のもとに、他の映画会社からの出演依頼が舞いこみ始めていた。が、三本の映画が撮り終えられる日を指折り数え待っていた俺だ。だから、片っ端から断っていた。

するど、来るわ来るわチンピラが……。

まるでぼうふらのように、連日、俺のマンションの近くに新顔のチンピラがわいて出ては、

「何で出演しないんだ」

とすごむのだ。

「お前が出れば海外に売れるんだ」

などと可愛らしいことを言ってもくれるのだが、このまま、台湾で遊びや喧嘩の片手間のような映画を撮影していても、よいものが撮れようはずがない。

俺の意志が固いと見てとると、決まって、

「うちの映画に出演しなければ、メンツが立たないじゃないか」

と、わけの分からない黒社会論理を押しつけ、怒鳴る。

その頃から、各社、一様にナイフをちらつかせ始めるのだが、もうそれくらいの脅しには慣

れっこになってしまっていて、たいして驚きもしなかった。

また、ある時など、五、六人のチンピラがいきなり殴りかかってきたが、なぜか、攻撃を受けた俺ではなく、相手の方が骨折してしまい、残ったチンピラたちと病院に担ぎこんだこともあった。

そんなくだらないことばかりが続く台湾での仕事に、つくづく嫌気がさしていた俺をみて、タンはこんなことを言い出したのだ。

「仕事が来るうちはそれに応えていくべきよ」

これは、売れない時代を長らく過ごした役者には、効果的な一言であった。ましてや、愛する人の言葉である。

「まだ、仕事を選り好みできるような、そんな身分じゃないはずだ。危険に片足突っこんでんだから、どうせなら首まで突っこんでやれ」

翌日、四本目となる映画の出演依頼を受けた。同時期、舞いこんできた会社からの依頼もついでに受けておく。

タンの一言で、一八〇度、考えが変わる俺は、この時、二六歳。

体力には絶対の自信がある。よって、気が付けば、夜も寝る間もないほどの超過密スケジュールを自らくみ上げていようとも、ただもうガムシャラにそれをこなしていけてしまった。

つくづく、この頃の俺は若く、そして単純だった。

スケジュールが過密になるということは、それだけ、各映画会社お抱えの黒社会の連中のニアミスが増えるということであり、それに伴い、俺の周囲でのごたごたもなめらかな曲線を描き、上昇していった。

スケジュールを取り合って、各社を代表するチンピラがにらみ合うことはしょっちゅうで、そんな時は、彼らで勝手にやらせておき、俺はすかさず車の中で仮眠をとることに決めていた。

こんなこともあった。

チンピラ同士がけんかを始め、一人がナイフで尻を刺されたらしく、ズボンを血で染めている。製作側の人間が止めに入り、この騒動の収拾にあたるが、皆興奮しきっていて、一向に治まる気配がない。

すると、今度は、止めに入ったはずの製作側の人間が尻のポケットからナイフを抜き出すや否や、今度は刺した男の尻をグサリと刺した。ナイフを手に暴れる男はナイフで止めろ——といった彼の経験則に基づく行動は実に見事に的中、一瞬にして、騒ぎを終息へと向かわせた。

彼らが尻を刺し合ったのは単なる偶然ではなかったらしい。いくら黒社会のチンピラと言えども、後ろに黒幕が見え隠れする時には、簡単に殺し合うようなことはしない、ワンの例は別として。そこで、命に差し支えがなく、それでいて最も出血の多いところ——尻を刺すのだという。

それでも、こういった騒動の数日後には、黒社会の連中が仕返しやら何やらで、どやどやと押しかけてき、決まってさらなる騒ぎが持ち上がる。ひともんちゃくがおさまったからといって安心するな——といった心構えが、自然に身についたのはこうしたことがあってからである。

これが、台湾映画界の日常であった。

15

休日、タンと過ごすショッピングや食事の時間だけが、あの頃、俺が楽しみ、そして安らげるひと時であった。

台湾で初めて映画館に入ったのも、タンとの休日を過ごしていた時であった。

上映前に、蔣介石や、戦争時の台湾、そして繁栄を遂げる台湾の様子がニュースフィルムに映し出されると、これまでがやがやと騒いでいた観客が一斉に立ち上がり、やがて流れてきた国歌を厳粛な面持ちで歌い始めた。意外な場所でのお国柄との対面に驚いたものだ。

それでいて、その直後、その同じスクリーン上にて、ベッドシーンなどが映し出されている様子は、かなり摩訶不思議なものがあった。

が、たまに、タンと連れ立ってナイトクラブに出掛けても、必ずといってよいほど黒社会の連中に出会ってしまう。

一度も会ったこともないような連中でも、相手の方はこちらをスクリーンで見て知っているもんだから、古くからの友人のような顔して、俺を自分たちの席に呼びつける。

さらに始末の悪いことには、十人座っていれば、十人全員と乾杯を交わさなければ、席を立てないのだ。

要は、ホステスたちに、自分たちが映画俳優と知り合いだ、ということを見せたいがためのお相手役を務めねばならないというわけだ。

「俺はホストじゃねえんだゾ、このヤロウ」

なんて意気込みながらも、結局は相手をしなければならない。

さらに、こういう場合、これまた必ずといってよいほど、一騒動持ち上がるので、早々にこの席から退散するに限る。

多勢に無勢、いざという時、店内に日本人の味方についてくれるような人間が、わずかもいないことは百も承知している。

俺が取り得る最良の手段は、とにかく神経を敏感に張りめぐらし、ここぞという時にダッシュで逃げる、ただそれだけだった。

もし、思わず連中の一人を殴ってしまいでもしたら大変だ。常日頃から、脅しの種を探し回っているような連中だ。黙ってはいまい。が、一度、黒社会の一組織に金を払いでもしたら、次から次へと他の黒社会の組織も、押し寄せてくるに違いないのだ。

こうして、タンと離れたくない一心から、次から次に舞いこむ出演依頼を断りもせず受け、一日三本の映画の撮影現場を回る超過密スケジュールを黙々と半年ほどこなし続けた。

が、こんな状態でいくら映画を撮っても、よいものが創れるわけがなく、台湾で創った映画はいずれも香港でヒットするまでには至らなかった。

タンといたいから台湾を離れたくない、といった俺の気持ちは、早く安全な国に、タンを連れて帰ろうといった決意へと変わり、と同時に、東南アジアの映画にしか出られない日本人俳優としての悲哀を感じるようにもなりつつあった。

16

台湾が国交国を一つ、また一つとなくす一方、この六月の初めに見られた、ベネズエラとの定期航海路の開設など、ラテンアメリカ諸国との国交は細々と続けられていた。

渡台九ヵ月を迎えるようになっていた、そんなある日、国税局が俺を調べている、ということが新聞に小さく掲載されていた。

何人かが知らせてくれたが、特に思い当たるふしもなく、そのままにしていると、二、三日後に、税務署から呼び出された。

渋々行ってみる。

すると、黒縁眼鏡をかけた典型的な役所顔を持つ貧相な男が、奥の部屋から俺を認めるや否や、勇躍飛び出してき、紙切れを突きつけた。そして、彼が言うことには、

「あなたは台湾での仕事で、これだけの金額を所得されましたね。よって、現在、その税金として、あなたにこれだけの金額が課されています」

との説明と共に突き出されたその紙には、なんと、現在の日本円の五千万円にも相当するような額が書きこまれているではないか。

「ちょっと待ってくれよ」

落っこちそうになった目玉を慌ててしゃくり上げつつ役人にすがる。

「俺は、香港に本社を構える映画会社と出演契約を交わしていて、ギャラは香港で支払われることになっている。台湾では、食事代とほんのお小遣い程度の金額しかもらっていないぞ」

と抗議するが、役人は無表情なその顔をゆっくりと左右に振り続けるだけ。そして、

「あなたは、台湾の滞在期間を二回も延期しましたよね。だからなんです。三ヵ月に一回ずつ出国していれば、課税されずにすんだんですよ」

と言う。

今さらそんなこと言われても……。

どうやら、出演を断わった映画会社の人間が、その腹いせに密告したらしい。が、こちらは脱税をしようとしていたわけではないのだ。そのようなシステムがあることを知りもしなかったし、今出演している映画会社のスタッフは、滞在延期には何も問題はない、と言っていた。手続きは全てこちらでするからと……。

つまりは延期手続きをした映画会社側も全て知っていたのだ。

「香港に帰ったら、もうこちらに来ない」

と誰かに漏らしていたのを聞いて、あえて黙っていた。そして、多額の税金が課税されれば、金が必要になり、進んで映画に出演するだろう、と目論んでいたわけだ。

「そんな大金払えるはずない」

といったことを語調を変え、何度となく役人にアピールするも、一向に聞き入れてくれない。

あの、最初に奥から転がり出てきた様子から察するに、きっとこの俺からの取り立てが彼にとっての今日一日のビックイベントであり、楽しみであったのだろう。

そう簡単には引き下がりそうにない。

とりあえずはその場を退散する。

「よし、このまま、台湾も退散してやろう」とすまして松山空港で飛行機に乗りこもうとするが、すでに手配書がまわっているらしく、出国審査で税金未納とおっぽり出されてしまう。

「俺を追いかけ、後から必ず香港に来てくれ」

と涙ながらに別れたタンのもとに、再びとぼとぼと舞い戻り、二人であれこれ知恵を出し合うが、よい手は全く浮かばない。

国交のない国の人間であるゆえに、当然日本大使館などといったような保護者はおらず、とにかく途方に暮れるばかりだった。

すると、映画会社二社が、

「私共の作品に二、三日出演して下さったら、いい弁護士を紹介してあげましょう」

などと言ってきた。

足元を見る嫌な感じだと思ったが、ほとほと困り果てていた時だったので、藁にもすがる思いで、出演してみることにした。

が、割のいいギャラは得られたものの、紹介された弁護士は思ったとおりに、まるっきりの役立たずだ。

とりあえず、手持ちのお金をかき集めるが、税金の額には遠く及ばない。

役所もこうなりゃ陰険な借金取立屋と変わらない。俺をせっつき始める。こっちは、こつこつ稼いでゆこうと前向きな姿勢で、撮影に臨んでいるというのに、その仕事中に呼び出し、延々と続く説教を聞かせるのだ。

電話で「払いなさい」の一言ですんでしまうことを、毎日の貴重な労働時間を奪ってまで、これをするのだ。

立派な嫌がらせである。

17

「ブルース・リーが死んだ」

仕事を終えてマンションに戻った俺に、ガードマンが血相変えてこう告げた。

「まさか」

俺は笑って部屋に入る。

が、部屋に入れれば、テレビも同じことを告げている。

「どうせ、ガセだろう」

一九七三年、七月二十日、蒸し暑い一日が暮れ始めた夕刻の一幕である。

スピード、敏捷性、パワー…体中の筋肉を日々鍛え抜き、かつ、きちんとした栄養の摂取と休養といったことにも入念に気を配っていた、三二才の若き武道家、ブルース・リー。

細胞の一つ一つが躍動しているかのような「生」に溢れた人間が、突然死ねるわけがない。ニュースが間違っているのだ。

それも、ベティーティンペイの家のベッドの上で突然死んだなんて……。まるで、腹上死だったと言わんばかりに。たちの悪いゴシップニュースだ。

「いつか、必ず共演しよう」との約束を交わしていた著者にとって、彼の死は相当なショックだったに違いない。

確かに、彼女とリーとは仲が良かった。そこに俺もまじえ、三人でよく会話や食事を楽しんだが、彼らがそういった関係でないことは、俺でもすぐに見てとれた。

〈セクシー女優〉ベティーティンペイと、リーとを単純に結びつけたゴシップに違いない。

早速、真偽のほどを確かめるべくベティーの家に国際電話をかけるが、一向につながらない。

次にホーに電話をかけてみた。

「今、こっちはブルース・リーのことですっかりパニックだよ」

彼は、上ずった声でリーの死がまぎれもない事実であることを俺に告げた。

そして、

「黒社会がらみじゃないよな」

と確認する俺に、

「リーは人に殺されるような人間じゃない」

と猛烈に否定してみせた。

その後、ベティーとも電話がつながった。

「リーの死と私は関係ないわ。あなたなら分かってくれると思うけど……。私の家に遊びに来ていて、急に気分が悪いって言いだしたのよ。それでベッドで休ませてあげていたら、急に様態が悪化して……。今、私がリーを殺したと香港中の人が思っているわ。外は人だらけで、一歩も出られない」

「ああ、気をしっかり持てよ」

と、言う以外に何もしてやることはできない。

巨星、リーが死に、そして、ホーやベティーといった、俺の親友たちが嘆き悲しみ、助けを必要としているこの時に、俺は彼らのもとへいくことさえできない。

たまらなく、もどかしかった。


一九七三年、七月二一日――リーの死の翌日――二度目の台湾脱出が決行された。

前夜、ただでさえ暑さで寝苦しいというのに、友の訃報を受けた動揺と、脱出決行の緊張感とが俺の胸に重くのしかかり、なかなか寝つけなかった。それに、もし脱出に成功したとすれば、翌日の午後には、台湾の呪縛から解き放たれ、懐かしい友人たちとも、そしてブルース・リーの家族にも会え、真相が確かめられるかもしれないのだ。

その後、訪れた浅い眠りには、そんな不安と期待とがないまぜになって、切れ切れに映し出されていく。

そして、俺が寝返りをうつ度、タンが手をそっと伸ばし、子どもを寝かしつけるかのように、優しくさすってくれるのを、頭のすみでぼんやりと感じていた。

この約二ヵ月間、彼女も八方手を尽くして、俺が出国できるようにと動いてくれたのだが、全てが無駄骨に終わってしまっていた。

そんな俺たちを見かねてか、役者仲間が、〈台湾脱出のエキスパート〉なる人物を紹介してくれた。さっそく、その男に会ってみたものの、正直、彼から良い印象を受けなかった。会っている間中、そわそわと落ち着きがなく、とても、頼りになる男には思えなかったのだ。

「大丈夫。審査官の中に知り合いがいるんだから……」

といった言葉も、彼が繰り返し言う度に、その信憑性を失っていった。〈台湾脱出のエキスパート〉といった触れこみも、どうせ眉唾ものであろう。

が、ブルース・リーの死の知らせを聞き、自分でも意外な決断を下す。そう、一か八か、この男に賭けてみることにしたのだ。ただ、特に取るべき手段もなく、手をこまねき、無駄に日々を送っていくよりは、むしろ、危険を冒しているほうがずっと気楽に思えたのだ。

「とにかく今すぐに、遅くとも明日には香港へ帰りたい。なんとかしてくれ」

男にその旨を伝え、待つこと数時間。

「明日、そちらに迎えをやる。その男についていってくれ」

と男からの電話を受けたのは、ようやく友の死を事実として受け止め始めた頃だった。

そして、タンと俺との眠れぬ夜も明け、脱出決行の七月二一日の朝を迎える。

おそらく、〈エキスパート〉の子分なのであろう。見知らぬ男の運転する車が、約束の時刻ピッタリに、マンションの前につけられた。とりあえずは後部座席へと乗りこむ。フェリーの待つ基隆港までは約四十分の道のりだ。男は、俺の名前を確認して以後は、ずっと黙っていた。

やがて、約三十分が過ぎ、窓の外から吹きこむ風に微かに潮の香りが混じり出した頃、男は、車を本道から外れさせ、まがりくねった裏道へと入れた。そして、人の寄りつきそうにない、雑草生い茂る空き地にて静かにエンジンを止め、

「ここからトランクに入ってもらう」

とぼそっと言った後、足元から汚いずたぶくろを取り出してき、

「この中に入ってからだ」

と指示した。

黙って彼の指示に従い、首まで袋にくるまる。そして、彼に担ぎこまれてトランクの中で横になった。

トランクの中は工具や衣服が散乱し、体を充分に伸ばす余地など見当たらない。この格好でフェリーまで我慢せねばならないのかと思うと、一瞬悲壮感に襲われるが、

「この散らかり具合が、カムフラージュとなるのかもしれない」

と気を取り直し、それらをかきわけてなんとか体を横たえる。

男は、そんな俺の様子をそばでじっと見つめていたが、俺がとりあえず体をトランクに収め終えたところでおもむろに近づいてき、袋をずりあげ、きっちりと頭の先まで覆い隠した。

よく素性の分からぬ男の前で、完全な無抵抗状態に陥ってしまっていることへの激しい不安が、まず、襲ってきた。

が、男は俺の不安などおかまいなしに、頭の辺りにクッションらしき柔らかい物をあてがい、周囲の小道具たちを並び変えた後、静かにトランクを閉める。後に、運転席のドアを閉めたのであろう、バン、という大きな振動が伝わってきた。

やがて、車は、本道に向かって元来た道をゆっくりと戻っていった。

先ほどよりは減速して車を走らせてくれているのは分かるのだが、座席ではわずかな揺れも、トランクの中、それも両手の自由のきかない、ずた袋の中に入っていては、まるで、嵐の海に乗り出したかのような、激しい揺れとなるのだ。俺の体は横へ縦へと激しく揺さぶられ、トランクの底や側面に、ようしゃなく、打ちつけられることとなる。

こうなると、周囲のガラクタがありがたく思えてくる。

頭をクッションと後部座席の間とに突っこみ、爪先を上向きに反らせ、足元の棒状の物の下に引っかけ、そして、ぐっと腹に力をこめて、揺れに耐えること約十分。全身から流れ落ちる汗で袋の中はびっしょり。外にも染み出ていないだろうか、とまた心配になる。

やがて、車は、徐行とブレーキとを断続的に繰り返し始めた。おそらく、出国審査の列に加わったのであろう。

「さあ、いよいよだ」

胆を据えたにもかかわらず、「さっきの激しい揺れが俺の入っているずた袋を、他の荷物たちから浮き上がらせていやしないか」「汗で人の形が浮き出ていないか」などと、不安材料は次々とやってくる。とはいえ、「審査官と知り合いだ」という男の言葉が万が一、ハッタリでなかったとすれば、たとえ、ずた袋が人型をしていようとも、関係ないはず……。あとは、運を天に任せるのみだ。

「それにしても、暑い、息苦しい……。早く通過してしまわないと、この中で〈熱死〉してしまいかねないぞ」

全身耳となって、審査官たちが歩み寄る気配を、ひたすら待った。「ドクドクドク」とあまりに、心臓の鼓動が大きな音を立てて鳴るもんだから、その音だけで、審査官に気づかれてしまうのではないかと、また心配になる。

しかし、一向に、その順番が巡ってこない。

暑さのあまり、ふっと途切れる意識を、なんとかはっきりさせておこうと、無事脱出できた後のことを考えることにする。その瞬間、香港の懐かしい友人たちの顔が次々と思い浮かんできた。もう一度、彼らに会えるだろうか。そうだ、もし、仮にフェリーに乗れたとしても、そのフェリーは本当に香港行なのだろうか。また黒社会の連中に騙され、今度は見知らぬ国で、映画に出演させられるのではないだろうか……。

と、突然。

ガチャガチャと鍵を開ける音が耳元でし、その直後、トランクがグォンと開けられた。

審査官らしき男の足音が近づいてくる。

「頼む。適当にやってくれ」

そう念じつつ息をこらす俺。

相変わらず、心臓はものすごい音を立てている。

何やら車を運転していた男と審査官とがモソモソ話しているのが聞こえてくるのだが、その会話が、審査官の型通りの質問とその応答なのか、はたまた、万事打ち合わせずみの二人が、なんとなく、時間つぶしに交わしている会話なのかまでは、聞き分けられない。

そのモソモソ会話は、体の節々がジンジンと痛み、蒸釜のような暑さの中でただ息を潜める俺にとり、永遠とも思えるような長い長い時間、続けられた。

何度、彼らに結果を聞いてやろうと思ったかしれない。その我慢が限界に差しかかろうとした時、俺の運命の審判がようやく下された。

「カチャ」

ぐっと、息を飲む。

わずかなすき間を残し、トランクが閉じられた。

やった、成功だ！

これで、香港に戻れる——ただし、フェリーが香港行であったらの話だが。いや、今は考えないことにしよう。たとえ他の国であっても、そこから香港に帰ればいいのだ。タンは香港に着いてから呼ぶことにしよう。

狭いトランクの中ではあったが、大きく、そう大きく伸びをした。もうすぐ外の空気が吸える……。

と、ふいに外が明るくなった。もうフェリーに乗ったのか？　それにしては、早すぎるようだが、出国審査さえパスすれば、外に出てもかまわないのだろうか。

外から何やら話し声が聞こえる。耳を澄まそうと、精神を集中した途端、話し声はフェリーの汽笛にかき消された。が、大音響の中で一言だけが、妙にはっきりと俺の耳に飛びこんできたのだ。声の主は、その時こう言った。

「いや、袋の中身は全て見せてもらいますよ」——と。審査官の声だった。

そして、そのわずか数秒後には、彼らの前に、暑さで真っ赤になった顔を、無念と恥ずかしさでより真っ赤にさせた日本出身のアクション俳優が、現れることとなる。

スターとしては、誰にも、見られたくない顔であった。

その後、俺は、半ば、審査官に助け出されるようにしてトランクから引きずり出され、ドジを踏んだ〈運び屋〉と共に台北に連れ戻されたのであった。


七月二三日、香港で執り行われたブルース・リーの葬儀の様子を見た。

もちろん、台北のマンションのテレビでである。

ゴールデンハーベストのレイモンド社長、ノラ・ミァオ、ホー…、懐かしい顔たちが、青ざめ、涙を流し、そして呆然としている様子が次々と映し出されていく。

柩に横たわるリーの顔は、心なしかはれて見える。

しかし、彼の毅然とした態度や語調、そして屈託のない笑顔、アメリカかぶれしたキザでリズミカルな物腰、それら全てがピタリと動きを止めてしまっていた。

そして、中国式なのであろうか。

参列者たちが一様にサングラスをかけている。

リンダ夫人は、さらに、頭に白い布をまとい、白ずくめの衣の上には、麻布のチョッキのようなものを着けている。

リーの柩を乗せた車がゆっくりと進んで行き、その周りを多くの人々が取り囲みつつ、激しく嘆き悲しむ光景は、まさしく国葬のそれだった。

「香港の映画界はこれで終わりだ」

誰もがそう思ったことだろう。

香港中が泣いていた。

俺も、そして、タンも泣いた。

18

翌朝、つまり、問題の日がやってきた。

その日、俺はある映画会社からの出演依頼を受けた。

しかし、慢性〈台湾から出ていきたい病〉は、この二、三日の出来事をきっかけに一気に発症。税金問題で金がとても必要な境遇にはあるが、とてもじゃないが、こんな精神状態では映画出演は無理だ。

相手方にはその旨伝え、丁重に断ったはずだ。そして、以前からの撮影に、消化試合に挑む選手のような心境で参加したのだが……。

と、来たのだ。
四、五人のチンピラがスタジオから俺を連れだし、出演を断った映画会社へと車で運んでいった。
鉄格子がはまった小さな窓が一つあるだけの、まるで地下牢のような場所で、交渉は始められた。

と言っても、とても交渉などと言えるようなものではなく、

「出演者の中にお前の名前が欲しい」

と、ボス格の男がナイフでピタピタと俺の頬をはたくという一方的な〈通達〉だ。

「一日だけでいいんだ、出ろ」

今までに来た奴らとは違って、妙に殺気立っている。

が、こちらとすれば、出られないものは出られない。

あくまで恐る恐るではあるが、突っぱねることにする。

そうして、さんざん押し問答を繰り返した後、男は、

「よし、中国式でいこう」

と言い出した。

最初はそれがどんな方式を指すのか見当もつかなかったが、どうやら、両方の言い分の折衷案を取ることらしい。

「お互いのメンツを立て合うのだ」

と言うが、大勢で取り囲み、ナイフを押し当てておきながら何がメンツだ。何が折衷だ。

が、この場を凌ぐためにも、

「五日間だけ出演しよう」

と言うと、あちらもＯＫした。

「やれやれ」

と思う間もなく、次に、彼らは手打ちがわりの儀式を行うと言い出したのだ。

並々と注がれた酒に指を切って少量の血を落とし、互いの手を交えた状態で相手の酒を飲み干す、というものらしい。

もちろん、俺は断固拒否した。まっぴら御免だ。

すると、奴らは首をふりふり部屋から出ていった。そうして一人残された俺は、この部屋で監禁されることになったのだ――。

結局、身も心もボロボロに成り果てた俺がようやく解放されたのは、彼らに拘束されてから時計の短針が一周しようかという頃だった。

タンの前では明るくふるまっていたが、その日は、悔しさで一睡もできなかった。

19

ドサッ。

はち切れんばかりにふくれ上がった鞄を税務署の机に置く。

眠れぬ夜から一ヵ月後。とうとう、税務署からの無理難題とも思えた大金を調達し終えた。

この日の来るのがどれだけ待ち遠しかったことか。まさに汗と涙の結晶だ。

が、役人にそれを悟られるのは悔しい。それに命までとられたわけじゃない。金なんてまた稼げばいいのだ。

あくまで大した金額でないような顔を貫く。

数えるのに三人がかりで三十分。

普段は、尊大無礼な彼らも、これだけの大金だ。それらが醸し出す迫力にすっかりのまれ、けちをつけることもつい忘れてしまっていたようで、すんなりと出国許可を出した。タンには、

「香港で待っている、後のことは頼む」

と言い残し、翌朝、俺は空港へ向かった。

その日は、例の無理やり出演を承諾させた会社の映画撮影初日の日でもあった。

彼らは、俺が香港に帰るという噂をどこからか聞くと、他の映画会社に無理やり調整をつけさせていた。そして、強引に、撮影開始日を決めてしまったのである。

そして、その朝、彼らが迎えに車を寄こすというのを、自分で行くからと断り、空港へ、そして、香港に渡った。

つまり、俺は彼らを裏切ったというわけだ。

捕まれば、彼らマフィア独特の報復――指を切られたり、鼻や耳を削がれたりされることは分かっている。

それでも、香港に帰りたかったのだ。

メンツがどうしたこうしたなどマフィア同士でやってりゃいい。あんな卑怯な連中に、どうして従わなければならないんだ。

血の儀式なんてクソ食らえ、だ。

Yasuaki Kurata Film Library

1971年、デビュー作品『悪客』の1シーン。著者も非常に若く、多少緊張感気味である。相手役は、リー・ライライ。

1972年、『餓虎狂龍』撮影当時。チャン・センと。

1973年、台湾映画『強中手』。右は相手役のチャン・キョー。

1973年『ドラゴン世界を征く』のローマ・ロケにて。右端がブルース・リャン。彼と著者とのアクションは、香港映画界でも高い評価を得ている。

（右）香港映画『帰って来たドラゴン』用にスタジオで撮影したポーズ写真。

（下）同じく『帰って来たドラゴン』で著者が使用したトンファーの再現写真。

（下）『帰って来たドラゴン』宣伝ポスター用にローマにて撮影。

（上）1974年『金三角龍虎門（The Golden Triangle)』。当時のフィリピンでは、著者と孟飛（モンフェー）に人気が集まっていた。

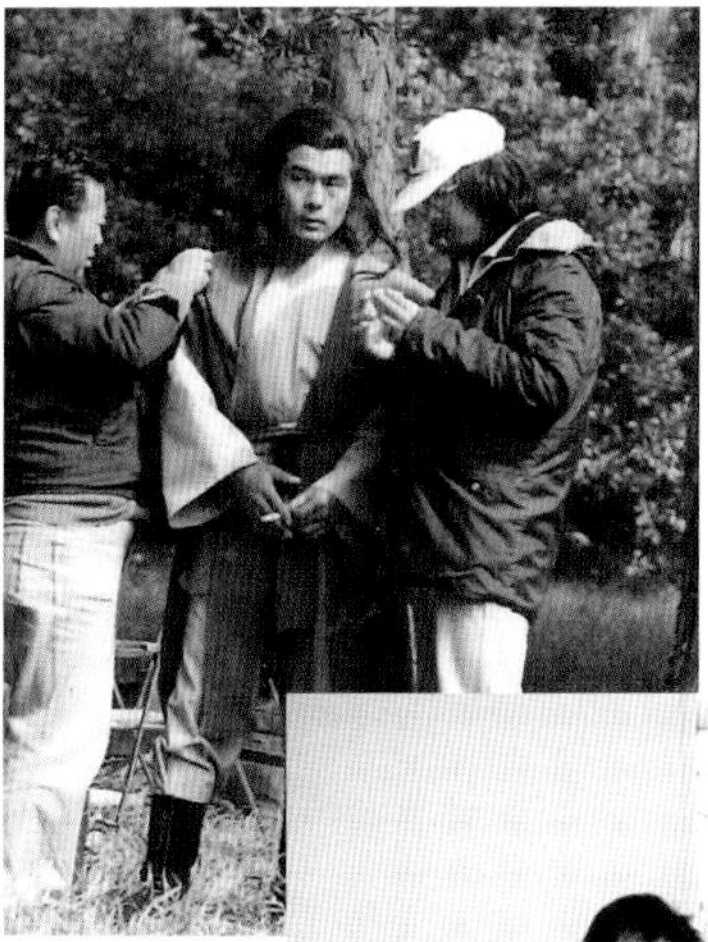

1981年、香港映画『激突、少林寺対忍者』の撮影風景。著者の右側が監督のウォン・タイロン。

(下) 1985年『七福星』ではジャッキー・チェン、ユン・ピョウと共演。

(左)『七福星』のワン・シーン。著者の役は、腕利きの殺し屋。ジャッキーとの長時間にわたるアクションは圧巻だった。

1985年『上海エクスプレス』にて、ロザムンド・クワンと。彼女の美しさもさることながら、アクションも一流であることは、ジャッキー・チェンの映画などでお馴染み。

台湾テレビシリーズ『飛花豚月』から、ノラ・ミャオとの1コマ。

ブルース・リーのそっくりさんと(右端)。

1987年『イースタンコンドル』でサモ・ハン・キンポーと。彼のアクションはその体に似合わず、軽快でリズミカルである。監督としての才能も言うまでもなく、これまで、数々のヒットをとばしている。

1997年4月13日、著者は『香港電影金像奨』授賞式にプレゼンテーターとして出席。

Scene 5

『ドアを開けば』

～東南アジア・ローマ

1

朝、目覚める。

ガラス越しに見えるヴィクトリア湾は、静寂の内側にあり、辺りには水面に反射した光が満ちていた。

部屋にこもる昨夜からの熱気を解き放とうと、ベッドを出る。窓を開け、すでに熱を帯び始めたヴィクトリア湾からの風を頬に受け、定期的に横切るスターフェリーたちを、しばらくぼんやりと見つめていた。

昨日の昼過ぎ、香港に到着した俺は、その足でホーのもとへと向かった。

これまでの台湾での経緯を一通り話し、台湾黒社会の連中の手が及んだ時のアドバイスを請うと、彼はニッコリと微笑み、

「無問題《モーマンタイ》」

とだけ言ってくれた。

顔のきく男の言葉だけに、彼と別れた後、心はずいぶん軽くなっていた。

その後、一年ぶりの尖沙咀の街を思いつくままにぶらぶらと歩いてみたのだが、見慣れていたはずの建物、木々、店先の風景が、香港の夕陽を背に、新たな輪郭を帯びて目に飛びこんでくる。

その上、俺の帰港をどこからともなく聞きつけた映画会社からの出演依頼が、すでに何件か寄せられており、どうやら、気持ちの良い香港再スタートが切れそうであった。

その日の夜、タンと連絡を取ったところ、黒社会の連中は「今度会ったらクラタを殺す」などと言いつつ、血眼になって探し回っているということだった。

が、彼女をどうこうしようといった様子は、今のところ見られないらしく、まずはひと安心といったところである。

それからの数日間、このヴィクトリア湾を臨むペニンシュラホテルを拠点として、心ゆくまで懐かしい友人たちとの再会の時を楽しんだ。当時、映画人の溜まり場ともなっていたこのホテルは、静かで、優雅で、格式があり、どこか、帝国ホテルを思い起こさせる雰囲気があった。

銀の器に注がれたコーヒーを何杯も何杯も注文し、台湾で踏みにじられた心を洗い流すかのように、いつまでも話し合った。

2

香港復帰第一作となったのは、ウー・シーユェン監督の『帰って来たドラゴン』。ウー監督とは一年前の『餓虎狂龍』『猛虎下山』にて一緒に仕事しており、気心も知れている。特に『餓虎狂龍』の方は、ウー監督の監督進出第二作目にあたり、興行成績も良く、思い出深い作品の一つと言えた。

後に、ウー監督は、『酔拳』にてジャッキー・チェンの魅力を存分に引き出し、ブルース・リー亡き後、やや失速気味であった香港映画界に、新風を吹きこんだプロデューサーとして知られるようになる。

相手役は、ブルース・リャン。

殺陣師出身というだけあって、空手、韓国空手、中国拳法と武道に一通り通じており、新人ながらも、なかなかの本格派である。

香港での再スタートを切る作品に相応しい満足の顔合わせに、俺も意気揚々と撮影ロケ地へ向かった。

この映画の撮影は、大部分がマカオ半島から小舟で小一時間かけて渡った小島で行われた。

老人と子供と犬しか見かけないような寂しい所ではあったが、それでも、小さく古いスペイン風の教会と、細く入り組んだ小道とが、この島なりの風情を醸し出している。

ここで、一ヵ月にわたるロケが敢行された。

が、アクションに関して、徹底した完璧主義者ともいえるウー監督ゆえに、撮影は大変ハードなものとなってゆく。

小さなミスも見逃さず、「ダメ」を連発する監督と、あせればあせるほどNGを出す俳優たち。それゆえ、ブルース・リャンとの立ち回りの撮影には、結局まるまる二週間を費やすこととなる。

過去に出演した二作品を含め、ウー監督の手掛ける作品は、これまで立て続けにヒットを出している。それだけに、役者の方には、見返りを必ず与えてくれる人だとの、監督に対する絶大な信頼がある。

＊『餓虎狂龍』
1972年　富国影業公司
監督／ウー・シーユェン
出演／チンセイ他

＊『猛虎下山』
1972年　恒生電影公司
監督／ウー・シーユェン
出演／チンセイ他

早朝からの撮影が夜半に及ぼうとも、三十回、四十回とダメが続こうとも、リャンも俺も、文句も言わずに、ただ黙々とアクションを魅せることだけに専念した。

乱闘騒ぎやランチキ騒ぎの合間のアクション披露に、情けなく悲しい思いをしてきた台湾帰りの俺にとり、ウー監督の厳しさは心地好かった。

そもそも、何の邪魔も入らない撮影自体久々なのだ。

最初の数日こそ体にこたえたものの、数日後には、のびのびとアクションを楽しめた。

たまの休日には、浜でバーベキューや花火をし、皆でワイワイと楽しんだ。マカオ側に渡るには、わざわざ舟を出さなければならず、遊びの選択肢は、こういった健全なものに限られてくるのだ。

が、それらを無邪気に楽しむには、この島の立地は不適当と言えた。

中国大陸側の人間を肉眼で捉えることができるほどに、境界線

＊『神龍小虎闖江湖＝帰って来たドラゴン』
1974年　思遠影業公司
監督／ウー・シーユェン
出演／ブルース・リャン他

近くにあるため、自然、浜でのバーベキューパーティや花火大会は、国境の警備にあたる中国側の軍人たちを眺めながらのものとなる。

時は一九七三年――対岸の中国大陸には、一九六六年以来続く文化大革命の嵐が吹き荒れていた。この革命を機に、それまでの価値が一転、地主や経営者、国民党関係者が先祖にまで遡って罪を背負わされ、地位や名誉を奪われていたのだ。

そして、この島の浜には、この辺りの他の島の例に漏れず、中国大陸からの死体がしばしば流れつくのだという。そのせいか、海の色は土色とも血色ともとれるほど濁りきっている。

共産党政府により、闇から闇へと葬られたのか、家族に累が及ぶのを恐れ自殺したのか。または、香港やマカオを目指し、国境の海を泳ぎ渡ろうとしてサメに食われたのか、あるいは、途中、力尽き沈んでいったのか……原因は分からない。

銃を手にした警備兵を目の前にし、この話を聞いた時には、しばし凍りついたものである。

一ヵ月後、撮影が終了。

疲れと安堵とでぐっすり眠る俺たちを乗せた船は、宝石箱をひっくり返したような夜のヴィクトリア湾に抱き止められた。

そして、離れ小島のペースに馴染んだ体が、香港の喧騒と雑踏とを思い出した頃、『帰って来たドラゴン』の試写用ラッシュが完成した。

その出来映えに、大いに満足したものの、まさか、この映画が後々日本への凱旋帰国をもたらすようになるとは思いもよらなかった。

3

『帰って来たドラゴン』のラッシュ鑑賞後の満足感と、タンのことを思っての不安とを胸にかき抱き、次の映画のロケ地である韓国に向かった。

約二時間のフライトを終え、撮影スタッフ一行は、まずは金浦空港に到着。宿泊するソウル市内のホテルは、そこから車で約四十分ほどのところにあるとのこと。広東語を周囲にまき散らしつつ、一群はタクシー乗り場へと流れこんだ。

が、何かが違う。

気のせいだろうか。

香港人団体に一人いる日本人の俺に、周囲からの視線がまとわりつくのだ。

それらは、皆に混じりつつ、歩を進めていくにしたがい、入国審査官、空港職員、韓国人旅行者……といった具合に、彼らの間を確実に引き継がれていき、到着の瞬間以来ずっと、俺を落ち着かない気分にさせていた。

そして、これが何ゆえの視線なのかは、このタクシー内にて、明かされることとなる。

「あんた、日本人か」

運転手は、車を走らせ始めてから五分ほどした頃、そう尋ねてきた。

その間、空港内の人々と同様の視線を、彼はバックミラーを介し、かなり露骨に投げかけてきていた。表情は恐ろしく無表情である。その視線に決して良い思いはしていなかったものの、それでも心は、久々に耳にする日本語によって、ぱっと明るくなったのだ。

にっこり微笑みつつ、日本語で、

「そうです」

と答えた。

すると、彼は流暢な日本語で、

「日本人は好きじゃあない。だから日本語は話したくないんだ」

と返してきたのだ。それも、バックミラー上で、俺の目をきっちりと捉えて。

ショックだった。一瞬、舞い上がった分、痛かった。

日中国交回復の直後という時節がら、渡台の際には、充分な覚悟がなされていた。

が、今回は、香港人のスタッフと連れ立っての韓国入りということもあり、この種の心の準備は全くなされていなかったのだ。

それだけに、この運転手の言葉はこたえた。

考えてみれば、一九一〇年の日韓併合条約から、一九四五年の日本の降伏までの三五年間、日本は韓国を統治下においていたのだから、それなりの心の準備をしておくべきだった。

そして、ホテルまでの残り三五分、車内には、俺と運転手との間で交わされたやり取りなど全く意に介さない、香港人スタッフたちの明るい笑い声が響き渡ることとなる。

4

ロケは二週間。うち、俺の出演するシーンは四、五日だけだ。よって、この韓国ロケは、前回の撮影に比べれば、かなり気楽なロケとなるはずであった。

が、ならないのである。

翌朝、ロケバスに乗りこみ、その光景に唖然とした。

このロケは、女性同伴の原則でもあったのかと思えるほどに、俺以外の数人を残し、皆が、女連れなのである。

照明さんの横にも、小道具さんの横にも、そして監督の横にも、女がいる。

もちろん、いちゃいちゃべったりで。

それにしても、韓国に到着したのは、昨日のことだ。現地妻ならぬ現地ガールフレンドが駆けつけてきた者、昨晩、知り合ったばかりの者……いずれにしろ、皆、きっちりと「彼女」を調達し終えているのだ。

そんなだから、ロケバスは満員。肝心のアクションの方も、すでによそで精力を注いできたようで、ふにゃふにゃ。

そうかと思えば、盛りのついた猫かと見まがうほどの妙な激しさでもって突っこんでくる。彼女に良いところを見せようとしてのことであろうが、何やら、皆、目つきが尋常でない。

帰りのバスは、さらにエスカレート。彼女を膝の上に座らせる者、二人で目と目を合わせ歌い出す者、もちろん、チュッチュ・チュッチュする組もいる。

そんな中、俺はと言えば、タンの柔らかな感触を思い起こしつつ、

「会いたい」

と念じるだけ。

寂しかった。

二週間のロケは、こんな調子で進んでいった。

いたたまれなくなった俺は、一度だけ、友人のガールフレンドに、女の子を紹介してくれるよう、半ば冗談ともとれるような口調で頼んだことがあった。（これはタンには内緒だ。）

すると、彼女は、なんだか嫌な物を見るような目つきで、

「日本の男は、すぐ殴ったり、蹴ったりするから駄目」

と言うのだ。

例えばブルース・リーの『ドラゴン怒りの鉄拳』の「スズキ」。あれは、日本の帝国主義をカリカチュアしたものだと日本人の目には映るのだが、どうもそうではないらしい。

しかたなく、もてない者同士肩寄せ合い、オーデコロンの香りをむなしく漂わせ、晩飯を食べに街に出る。

朴正熙大統領の政権下にある、この頃のソウル市内には戒厳令がしかれており、十二時以降は外出禁止。よって、十一時になれば、バブル最盛期にあった歌舞伎町以上に激しい、タクシー争奪戦になる。

やっとのことでタクシーをつかまえたかと思うと、ドヤドヤと見知らぬ韓国人が乗りこんできた。いわゆる相乗りというやつだ。

その一人一人を降ろし、最後に自分たちのホテルに着くと、当然のことながら料金は倍になっている。

すったもんだで運転手と交渉し、ようやくベッドにおさまる。

それでも十二時を少し回ったところなのだから、俺のアクションが、寝不足の俳優たちの群を抜いていたことは言うまでもない。

まぶたをはらし、すぐに汗をかき、ぜいぜいと息を切らす彼らに対し、こちらは、小学生と同じくらいたっぷりと睡眠時間をとって、撮影に挑んでいるのだ。

しかも、出番は少ないときている。

監督も、

「クラタのおかげで、素晴らしく迫力のあるアクションシーンが撮れた」

と大喜びだ。

ロケ終了後、一行が香港に向かい金浦空港から飛び立つ際には、「恋人」たちのボルテージは最高潮へと達した。

「やっと、終わった」

と幾分ほっとし始めた俺の横で、彼らは別れを惜しみ、抱きつき、チュッチュッし、そして涙を流している。

日常から、いちゃつき度の高かった彼らのことゆえ、別れの瞬間の傍若無人ぶりは、相当なものだ。

離陸後、ゴーゴーと熟睡を始めた彼らの横で、相変わらず睡眠時間たっぷりの俺は、目をらんらんとさせている。

「勝手にしろ」

窓に向かい、一人つぶやいた。

5

韓国ロケを終え、香港に戻ると、朗報が待っていた。

三日後、タンが香港にやってくるというのだ。

台湾を出て、すでに一ヵ月半が経過した、一九七三年十月中旬のことである。

日本では、そろそろ主婦たちが、トイレットペーパーめがけ走り出そうかといった頃、俺は、ホーの協力を得て、タンを迎える準備に奔走していた。

まずは、九龍塘にある高級住宅地のマンションを購入。どんと、５ＬＤＫだ。ここなら、空港から車で十五分ほどだから、彼女を迎えにいく際にも好都合だ。

タンとの生活を思い浮かべつつ行う、家具や食器選びも、なかなかに楽しくオツなものである。

準備は万全だ。

そして迎えたタン到着の日。

空は、朝から高々と晴れわたり、到着ロビーにて待機する俺の前に、すらりと美しいタンが立ったのは、正午過ぎのことである。

空港の喧騒の中、喜びと懐かしさとで、しばし言葉をなくす二人。

タンは、心なしか痩せたようで、俺の不安そうな顔が見てとれたのだろう、

「元気よ」

とにっこり笑ってみせる。

この笑顔がいいんだな。

それからの約一週間、ヴィクトリアピーク、男人街、女人街、撮影所、テレビ局……等々、彼女専属のツアーコンダクターと化し、香港の街を案内してまわった。

ファンに囲まれ動きがとれなくなろうとも、つないだ手は二人決して離さない。

そんな時、俺の手にすがる彼女の薄く小さな手が、たまらなく愛おしかった。

6

タンとの香港での暮らしが、ようやく落ち着きを見せ始めた頃、次の作品『金三角龍虎門（ゴールデン・トライアングル）』の撮影ロケのために、フィリピンへ飛んだ。

こういえば、誰もが、一人旅立つ男の後ろ姿を思い浮かべることだろう。

が、この〈一人旅立つ男〉は、韓国でこりており、あの、気も狂わんばかりの寂しさには、もう耐えられそうになかった。

で、

「タンについてきてもらおう」

ということに。

そして、団体からも抜け出して、タンと二人っきりで、フィリピンに飛んだ。

フィリピンのマニラ空港には、二時間足らずで到着する。

＊『金三角龍虎門
＝The Golden Triangle』
1974年　洲威影業公司
監督／ローチー
出演／チャンリー他

さすが南国、日本ではもう冬にさしかかろうというのに、すでにムッとした熱気を感じる。その上、出迎えのフィリピン人プロデューサー氏も熱い人で、税関の中にまで「越境」し、俺たちの到着を待ってくれていた。

が、「熱さ」に心打たれるのは、時期尚早というものであった。

到着ロビーを通り抜け、空港の外に一歩足を踏み出したその瞬間が、その時期であったのだ。そこには、何千人といった数の群衆が待ち構え、俺が姿を現したその時に、彼らの間に「ウォー」といったどよめきがおこったと思いきや、それらは、すぐに「ワー」「キャー」といった歓声へと変わり、辺りをのみこんだ。

製作会社の用意した車までのわずかの距離、俺とタンとは二人まとめて、もみくちゃにされた――スーパースターみたいに。

中には、大事な所をまさぐっている奴もいる。スーパースターとは、つらいものでもあるらしい。

そして、用意されたオープンカーに乗りこむと、フィリピンの警察に先導され、ホテルまでの道のりを進んでいった――まるでビートルズや石原裕次郎みたいに。

ちょっとだけ興奮した。

腹の底から、熱いものがせりあがってき、その固まりが、血液に乗って体中を駆けめぐっていく。あまりの激しさに、その得体の知れない熱いものが、体を突き抜けていくのではないかとも思えるほどだった。

車は、中央にヤシの並木が続く、マニラ湾岸沿いのロハス通りを北上し、フィリピンプラザホテルのロータリーへと、滑りこんだ。

ホテルに到着し、部屋に通されてからも、ファンからの電話が、ひっきりなしに鳴り続けた。

やがて、日が暮れ始めても、ホテルの玄関口では、百人ほどのファンらしき一群が佇んでいる。

「それにしても、なんで俺はこんなに人気者なんだ?」

ここまでの歓待は、嬉しい一方、不気味でもある。

香港、台湾では、街角で、ファンに取り囲まれたり、握手を求められたりもしていた。

が、国を上げてとも思える、ここまでの熱狂的歓迎を受ける覚えがなかった。

「かつがれているにしては、大がかりすぎるし……」

などとあれこれ思案してみたりなんかする、なんとも気弱なスーパースターであった。

それに、人々が俺を見、または指差し、「ショォォジィ〜」と叫ぶのも、先ほどから気になっている。

当然、気弱なスーパースターとしては、人々が俺を、俺と瓜二つの人気俳優「ショージ」と間違えているのではないかといった線も、検討してみる。

が、そんな質問誰にもできないので、しばらくこそこそと様子をうかがう。

やがて、プロデューサー氏と言葉を交わすうちに、「何ゆえ、フィリピンでスーパースターなのか」の謎が、明かされていった。

そう、人違いなどといったことは断じてなく、あの人々の熱狂は、ちゃんと俺の出演作を見ていてくれた結果の、正当な評価なのだ。

そこには、南国人気質も少々加わっているであろうから、多少差し引かねばならないかもしれないが……。

とはいえ、ウーミン監督の『小拳王』が、ここフィリピンで長蛇の列ができるほどの大ヒットを出したことは揺るぎようのない事実である。

この作品は、香港に渡った最初の出演作品、『悪客』の後半部と並行して撮られたもので、非常に思い出深い作品であった。

が、依然として、なぜ俺が「ショージィー」と呼ばれるのか、といった謎は残る。プロデューサーに尋ねても分からない。

フルネームを聞くと、もっと分からなくなった。

なにしろ、「ショージ・カラダ」なのだから。

ともかく、この俺が間違いなく、スーパースター『ショージ・カラダ』であることの、確認だけはとれた。

7

数日後、映画の撮影が始まった。

今回の相手役は、ミスコン出身の女優、バンジリン。

それもミスワールドの第二位だ。

この世界的美人女優とスーパースター「ショージ・カラダ」とが登場する映画のロケとあらば、下手をすれば、街中の人間を集めてしまいかねない。

そこで、車を南に四時間ほど走らせた所、米軍キャンプに隣接する、

「確かに、ここなら誰も来ないだろう」

と誰もが頷くほどに辺鄙な地が、ロケ地に選ばれた。

ところが、その辺鄙さはいささか度を超しており、近辺にはホテルどころか宿泊施設と呼べるようなものが一軒もなかった。

そこで、一行はやむなく近くのビーチ客目当てのコテージに泊まることに。

もちろん、宿泊施設に数えられていないような所だけあって、トイレも風呂も、およそ宿泊に必要だと考えられるような気の効いた設備は何一つない。

俺とタンとは、辛うじてコテージ一軒をあてがってもらえたものの、スタッフの多くが、詰めこめるだけ詰めこんだ部屋での雑魚寝を余儀なくされた。

トイレはともかく、熱帯性モンスーン型気候下での、シャワーなしはこたえる。

そこで、日がとっぷりと暮れ、周囲を漆黒の闇がきっちりと覆いつくした頃を見計らって、どちらか一人を見張りとして立て、ホースで水浴びをする。

もちろん、素っ裸だ。

二人こそこそするのも、悪戯をしているかのようでなかなか楽しくはあったが、いくら、真っ暗闇とはいえ、スタッフや地元の人間、それにファンがいつ通りかかるやもしれぬような場所だ。

が、慣れとは恐ろしいものである。

このシチュエーションが次第に心地好く感じられるようになっていったのだ。

こそこそは、最初の数日間だけだった。足の裏は大地との連動感を、そして、まだ日中の熱気の残る肌は解放感の後に注がれる冷気を、とても喜んだ。

そして、撮影の方もこの水浴び同様、大らか、ゆえにのんびり、といった熱帯テンポで進んでいった。

何せ、日中の気温は四十度近くにまでのぼっていく。

これじゃ、皆の思考や動作が鈍るのも当然で、朝八時スタートといえば、すなわち、九時スタートを指しているのである。

そして、全体的なスローペースもさることながら、スタッフ間のケンカ騒動も、スケジュール進行を頻繁に妨げた。

これも、感情までの導火線を乾かす、熱風の影響なのだろう。そのけんかの手順も、台湾でさんざん見てきたものとはまた異なり、「口八丁、手八丁」なのである。

お国柄であろう。

激しく怒鳴り合った後に、フィリピンナイフを抜く。そのナイフさばきは、思わず見とれてしまうほどに見事で堂に入っている。

片手で刃を器用に出し入れしつつ、低く身構えるその姿は、『ウエストサイドストーリー』のジェット団も真っ青といった感じだ。

そうして、けが人が出ることによって、騒動は一段落となり、当然、その日その後の撮影は中止となる。

こうして、撮影は順調に延期されていった。

8

当初一週間の予定であったフィリピンロケは、撮影予定分の三分の一にも及ばぬうちに、二週間目に突入していった。

「こりゃ、長くなるな」

と俺も腹を括り直した。

が、括り直したはずの腹が、思わずばらばらとばらけてしまうほどに、意外なところから、ブレーキがかかったのである。

その日は、朝から、俺とバンジリンとのキスシーンが撮影される予定だった。

この日、撮影所内が妙に賑やかに感じられて周囲を見渡した時、目に飛びこんできたのは、バンジリンのママとボーイフレンドたち。こちらも、タンと一緒に来ているわけだから、そのことは別に問題ない。

ところが、彼らは、いざ撮影が始まり、唇を合わせようとすると、一斉に止めに入るのだ。

そして、監督に詰め寄り、何やら抗議している様子。それを聞き終えた監督は、俺のもとにやってき、

「唇がくっつく直前で、ストップしておいてくれないか」

とアホらしいことを言った。

カチンときた。

小学校の学芸会じゃあるまいし……。

思考の柔軟さにおいては、各国にて押され続けた結果、どちら方向にでも、かなり曲がるようになっている。

そんな俺でも、これには猛烈に腹が立った。

言っておくが、バンジリンとキスさせてもらえないのが残念で怒っているわけではない。いや、それも、ちょっぴりはあったかもしれない。逆に、男なら、世界第二位の美女とキスしたい、と思うのは当然のことであり、それを周囲からいっせいに止められれば、ムッとするのも当然なことであろう。

が、怒ったのは、断じて、そんなちっぽけな理由ではない。

監督だ。

作品に関することを、部外者にとやかく言われて、それを黙って聞き入れてしまう、監督の

行為に何より腹が立ったのだ。

よって、一日、俺が原因で撮影が延期されることとなった。

こんな調子で、このフィリピンロケは、さらに二週間、続いていくことになる。

タンと俺とは、その後も、まるで小鳥のように木の上の小屋に寝かされることになろうとも、人目を忍ぶ屋外での水浴びや排便をし続けねばならない日々に不満を感じようとも、耐えた。

「スーパースターとはこんなに耐えなければならないものなのだろうか?」

といった疑問がわいてきた頃、エンドレスかとも思えた、超スローペースの撮影がようやく終了した。

翌日、マニラ市内のホテルに戻った俺たちに、「文明」はあまりにまぶしかった。

9

ロケ地から戻ると、約一週間のマニラの休日が用意されていた。

当時のフィリピンは、マルコス政権の第二期、つまりは、権力に対する彼の色気が表に見え隠れし始めた頃であった。

よって、政府関係からの招待を受け、訪れた、マラカニアン宮殿内部は豪華絢爛。

前日、街の通りを歩き、人々の間に歴然と存在する貧富の差に唖然としたが、このマラカニアン宮殿の優雅な迫力には素直に感動したものだ。

そして、

「さぁ、『文明世界』での優雅な休日を楽しもう」

とほっと、胸を撫で下ろした矢先に、ある事件が持ち上がった。その事件は、意外性という点では、アジア各国で俺が遭遇してきた多くの事件の中でも、群を抜いていたように思う。

そして、それはまた、この俺に「ガードマンについていていてほしい」と心から思わせたほどの、怖い怖い事件でもあった。

熱烈なファンと称する女性が、〈恋の罠〉に陥れようとしたのだ。そう、タンという最愛の人を連れてきているにもかかわらず、だ。ただし、映画などでよく見るような、めくるめく甘美な世界の後にガツンとやってくる、ドラマチックかつロマンチックなやつではない。

その女がしかけてきた罠には、一見、底抜けに明るい南国に、ほんのわずか、が、それこそ底抜けに深く深く存在している邪気が感じられた。

そもそも彼女は、映画会社、それもかなり上層部の人間の紹介を受けて、ホテルに滞在する俺に会いにきた。南国の太陽を浴びた小麦色の肌と白い歯、そして、目尻が少し上がった、キリリとしたなかなか可愛らしい女性である。歳の頃は、二一、二二歳といったところか。英語が堪能で、分かりやすい言葉でこちらに話しかけてくる。

ファン、とりわけ女性ファンを大切にする俺としては、この時、ロビーにて、写真に一緒に写ったり、サインをしたりといったサービスに努め、別れた。

ところが、だ。翌日、ロビーを横切ろうとすると、前日座っていたのと同じ椅子に座っている彼女と目が合った。

彼女も目ざとく、俺を認め、にっこり微笑む。

ちょうど、タンが買い物に出かけてしまって、暇を持て余していたところだったから、「それじゃあ、一緒にお茶でも飲みましょうか」となった。

それで、海からの風がよく通る、ホテルにある喫茶室のテラスに席を取って、二人分のコーヒーを注文する。

が、何やら彼女が落ち着かない。

まあ、彼女にとって俺は〈憧れの人〉なわけだから、それで舞い上がっているのだろうとのんきに解釈していたが、全然、違った。

コーヒーが運ばれてくると、バッグの中から何やら小さな薬のようなものをそそくさと取り出し、俺のコーヒーの中にポイと放りこんだのだ。

そして、ほっとした表情を浮かべた後、まるで、何事もなかったかのように、コーヒーを勧める。

それにしても、目にも留まらぬ素速さで、その動作をやってみせたのであればともかく、何が狙いかは知らんが、俺の見てる真ん前でそんなことしたって駄目だ。

そんなもの、誰も飲まない。

今、思えば、この辺りの判断が、すでに普通でなかった。

が、言葉が思うように通じない相手だけに、どう対処してよいのやら分からず、とりあえず飲むふりをすることにした。

それに、彼女がただ怪しげなだけで、実は、この国には相手のコーヒーに何か放りこむといった習慣があるのかもしれない。

事無かれ主義の俺は、こんな時、いつも、変な気の遣い方をする。

が、始末の悪いことに、この辺りの習慣であろうか、コーヒーはカップからこぼれるかこぼれないかのすりきり状態で出された。よって、飲んだふりというのがなかなかに難しい。

最初はソーサーに、そして、彼女の目を盗んでは、足元にと苦労して半分ほど空けた。

その合間にも、彼女は、盛んにコーヒーを飲むことを勧める。

そのうちに、相手しているのが気味悪くなり、

「ちょっと用事があるから」

とそそくさと退散してきた。

翌朝、現地の映画会社の人間に会う用事があったので、別れ際に、彼女のとった不審な行動について話し、彼女はコーヒーに一体何を入れたのだろうか、と尋ねてみた。

すると、彼には心当たりがあるらしく、即座に、

「それを飲んだのですか」

と聞いてきた。

「気味が悪かったから飲まなかった」

と答えると、彼は、

「それでよい、それでよい」

と何度も頷きつつ、彼女が、十中八九、黒魔術をかけようとしたのであろう、ことを教えてくれた。

彼の説明によると、黒魔術は、本来インドネシアで多く行われるものらしい。大別すると二種類あって、「グナ・グナ」と呼ばれるものは、主に男女の恋愛に関わり、「サンテット」「テル」と呼ばれるものは、相手を病気にさせたり、大けがをさせたりし、さらにひどい場合には

殺してしまうかもしれない恐ろしいものであるらしい。

彼女がかけようとしたのは、恐らく、「グナ・グナ」の方であり、もしあの時コーヒーを飲んでいれば、熱に浮かされたかのように、彼女に恋焦がれていたであろうということであった。が、もちろん、命に関わる「サンテット」や「テル」の方である可能性が全くないわけではない。

こんな物騒なものが、この地では、日常的というのだから驚きだ。

そして、さらに詳しく聞けば、「グナ・グナ」をかけたい時には、相手の髪の毛や爪、下着や写真を手に入れて、ドックンと呼ばれる呪術師に頼み、祈祷してもらうのだという。

そのため、地方では、不用意に黒魔術にかけられないために、風呂場や洗面台の髪の毛を散らかしたままにせず、包んで別の場所に捨てる習慣があるというのだから、益々、驚きだ。

そう言えば、彼女とは一緒に写真に写ったっけ……。その上、ご丁寧に、俺の肩にぶら下がる髪の毛を、とってくれていた。「よく気のつく女の子だな」と感心したので、はっきりと覚えている。

背筋をぞくぞくっと悪寒がかけ抜けていった。

ところが、だ。彼女としても、効果を期待してのことだろう。その日、午前の用事を済ませてホテルに戻ってきた途端、フロントにて、片頬にねっとりとまとわりつく視線を感じ、「もしや」と、恐る恐るそちらの方を向くと、やはり、そこには、何やら嬉しそうに笑ってこっちを見ている彼女の顔がある。

念には念を入れて、ということだろうか、

「私が焼いたの！」

とにっこりと微笑んで、チェリーパイを差し出す。

もちろん、そんな得体の知れないものを口にするわけがなく、ただ受け取るだけにする。そして、その日から、ホテルの中ではまるで忍者のように、柱から次の柱までの様子をよ～くうかがって、移動するよう心掛けた。もし、彼女がその区間に存在していれば、速やかに進路を変更する。

とにかく、徹底的に彼女を避けた。

彼女の方でも、それを察したのであろう。その後、しばらくは、ぴたっと姿を見せなくなった。そうなれば、俺の方でも、

「ブラックマジックなどといった、迷信じみたことに本気で怯え、どうかしていたな。彼女に少し悪いことしちゃったかな」

と少し反省しつつ、そのままにしていた。

が、この考えは甘かった。彼女の怖さがその本領を発揮するのは、これからなのである。

パイを贈られてから三日後の夜、ホテルの部屋の電話が鳴った。

近くにいたタンが出たのだが、相手の言葉が分からず苦戦している様子だったので、電話を代わった。そして、受話器から聞こえてくる声を耳にした途端、すぐに、それがあの女のものであることが分かった。

おそらく事前に紙に「会いたい」という意味の英文を書いているのであろう。それをくぐもった声で棒読みするものだから、ただでさえ怖いメッセージが、まるで地の底から這い上がってくる呪文のようなおどろおどろしさで、こちらに迫ってくる。

多少の恐怖におののきながら、ではあるが、ゆっくり、はっきり断った。それでも、その後、何度ととなくかけてくるので、ホテル側に無理を言って部屋を変えてもらうことにした。

タンには、

「熱狂的なファンなんだ」

とだけ説明する。全く、しつこい女である。

この日、タンと俺とは、車を一時間ほど走らせたところにある、プエルト・アズールのビーチでセイリングやテニスを楽しみ疲れ切っていた。この充実した休日に欠けているものを挙げるとすれば、深い眠りだけだ。が、それも、ホテルの部屋を変えてもらい、心地好いベッドに沈みこんだら、じきにやって来てくれることだろう……。

「おやすみなさい」――やがて、タンの寝息がスースーと聞こえてきた。疲れたのであろう。

さあ、俺も寝るとするか――と、誰かがドアをドンドンと叩く。

「まさか……。いやあり得る……」

激しい胸さわぎを覚えつつ、ベッドを下り、ドアの覗き穴から廊下の様子を見てみると、なんとあの黒魔術女がドアに顔を押しつけ、同じようにのぞき穴から中を見ようとしているのだ。尋常でない。

あまりの不気味さに、ドアを開けずに、そのまま彼女が立ち去ってくれることだけを祈り、ドアの裏でしばらくじっとしていた。

と、その時、足の間をシュルリと白いものがよぎった。

「出たか」

と思わず身構える。

何のことはない、彼女が手紙をドアの下から差しこんだのだ。

とにかく、次に何をするのかが全く予測ができない相手だけに、必要以上にびくついてしまうのである。

その手紙には、「私は最初の映画から、あなたの作品を全部見ている大ファンである。でも、あなたはそんなファンの気持ちを全然理解していない」といったことが、まるで恨みでもあるかのごとく書きなぐってあり、最後に「あなたは、黒魔術の威力を知らないの」と添えられていた。

その夜、彼女の来訪を機に一気に目覚めてしまった脳味噌は、結局、眠ることはなく、疲れた体だけが、もどかしげに横向きになっていた。ただ、タンが何も知らずに、眠っていてくれたことだけが、唯一の救いであった。

そして、翌朝、ロビーの椅子に座る彼女を見た瞬間、たとえ、フィリピン滞在があとわずかであろうとも、ボディーガードをつけてもらう決心をした。俺はともかく、タンには絶対必要だ。

結局、彼女は、フィリピンを離れるまでの数日の間、同じロビーの椅子に座り続け、俺を見ては、にっこり笑うのだ。

それも、何事もなかったように……。

どこの国でも女性とは怖いものである。

この、黒魔術女の襲来の一点を除けば、マニラでのホテルライフは素晴らしいものであったと言える。

約一ヵ月近く、原始人のような生活を送った後だった、ということを差し引いても、そう言ってよいだろう。

中でも、ホテル近くのリサール公園から臨む、マニラ湾に沈む夕日は、圧巻であった。毎夕、タンと二人ゆっくりと散策した後、ぼんやりと眺めたここの夕日は、今でも瞼の裏にはっきりと残る。

夢の中にいるのではないか、と頬をつねってしまいそうなほどの美しさとでも言おうか。辺り一面を優しく激しいオレンジ色が包み、異国情緒溢れるその空間が、まるで二人の言葉をも包みこんでしまったかのように思えたものだ。

そうして、ロケ中、さらには、ロケ後の辛い思い出までをも、オレンジ色の美しき記憶へと染め変え、翌日、フィリピンを後にしたのであった。

が、いつになく用心深い俺を不審気に見つめるタンの視線を感じつつも、空港までガードマンにはついてきてもらうことを提案することは忘れなかった。

10

一九七二年二月、旧日本軍の横井庄一軍曹がグアム島からたった一人の帰還を果たした。そして、一九七四年の三月には、同じく旧日本軍の小野田少尉がフィリピンから帰還を果たすことになる。

三十年ぶりだ。

一九七三年、十二月の俺はと言えば、日本を離れてまだ三年あまり。

それでもあえて主張したい。

置かれた境遇が百八十度異なっていようとも、南国の地から、日本を恋しく思う気持ちに変わりはないと。

つまり、日本への郷愁はこの頃から徐々に頭をもたげ始めていたように思う。

とはいえ、アジアには物思いにはふけることのできないシステムが組みこまれているようで、郷愁にずぶずぶと沈み切ってしまう直前に、これまた、異色な仕事が舞いこんできた。

それは、なかなかに興味深い仕事であった。

ベトナム共和国（南ベトナム）のサイゴンにて、一日だけ、映画の宣伝を兼ねた劇場挨拶を行うといったものなのだが、なにしろ、一九七〇年代のこと。パリ和平協定により、アメリカ軍の撤兵がなされ、戦局はようやく終息に向かいつつはあるものの、ベトナムは依然として、戦時体制下にあった。

今回は、タンをわずかでも危険にさらすわけにはいかないので、一人で行くことにする。

そして、仕事自体は一日で終わることだし、せっかくなので、以前から惹かれていたバリ島に足を伸ばしてみることにした。

彼女を待たせておいて、「最後の楽園」で男一人でバカンスしてくる、というのもなんだか変な話だが、「神々の国」なら、少々お疲れ気味の心に、元気を吹きこんでくれそうな気がしたのである。

もちろん、香港に残る彼女の面倒を、親友ホーによくよく頼み、これで大丈夫、との確信を得てから決めたことだ。

まっ、女はいざとなると、強いというか、気が大きいというか、フィリピンで彼女が見せた環境への順応性の良さ、そして、黒魔術女がドアを激しく打ち鳴らす中、すやすやと眠り続けたあの神経のず太さ……等もさることながら、ここ香港でも、言葉のハンディをものともせず、こちらの生活をそれなりにエンジョイしているようではあった。

そんな彼女を、神経質なまでに気遣い、「大丈夫？」と盛んに声をかけていたわけだが、それは、俺がそろそろ「大丈夫でない」ことを何より雄弁に物語っていた。

11

サイゴンは、拍子抜けするほどの静けさに包まれていた。

なんてったって、まだ戦争をしている国である。そんな所に、映画の宣伝にのこのこ出かけていくなんて、ヒンシュクを買っても仕方のないような話であり、身の安全は確保できるのだろうか、といった漠たる不安もある。

そんなふうに、および腰で入国していったわりには、のどかといっても差しつかえないほど静かな街に、大いに戸惑った。

が、若い男にはさっぱり出会わない。出会うのは、老人と子供、そして女性だけだ。

ふっと、戦時中、日本の街もこんな感じであったのであろう、と考えてみたりする。

さらに、六十年以上にわたり、フランスの支配下に置かれていたせいか、ヨーロッパ風の淡い色合いの建物と、フランス語の看板が目につく。立ち寄ったホテルのレストランで「フランス仕込み」と思われるしっとりとしたサービスを受けるが、これに、益々混乱する。

「俺は、何をしにどこにきているんだったっけ?」

といったぐあいに……。

投げるようにして碗を置き、路上にがんがん食い散らかす香港人の食事の方が、よっぽど、戦時体制チックである。

あくまで、半日間だけこの国を訪れた者の感想ではあるが……。

また、ベトナムを訪れる多くの異国の旅行者同様、民族衣装のアオザイを身につけた女性たちの美しさにすっかり目を奪われた。

上衣はチャイナドレスに似ており、裾が長く、ウエストからスリットが入っている。下はゆったりとしたパンタロンだ。それらが、体にぴったりとしているため、バストとウエスト、そして、ベトナム女性の華奢な体とが強調され、それはそれは美しきラインを創り出す。

つくづく美しきものである。

が、その気高き美しさも、若い男たちが戦争に駆り出され、老人や子供ばかりの閑散とした街中では、どこか切なく寂しげだ。

そんなアオザイ姿の女性たちが、スクーターをかっ飛ばしていく道を恐る恐る渡り、現地の映画会社の人間と共に、それほど大きくはない映画館へと入っていった。

すると、俺が姿を見せるや否や、それまで、館内にぎゅうぎゅうになって待ってくれていた観客たちが、やんやの拍手と喝采で出迎えてくれた。

これが、フィリピンで熱狂的歓迎を受けた後でなければ、その激しさにびっくりして、帰っちゃったかもしれない。

「香港カンフー映画が、戦時下の皆さんの気持ちを少しでもまぎらせることができ、光栄に思います。一日も早くベトナムに平和が訪れることを願っています」

とかいうようなことを言って、挨拶を終えると、再びすさまじい拍手の嵐。

この役者冥利の瞬間を深く深く吸いこんで、上映開始後、映画館を出た。

その日の夕刻には、インドネシアに向かう飛行機に乗りこんだため、ベトナムで過ごした時間はごく短い。

が、特殊な状況にある街であっただけに、アオザイ姿の娘たちの美しさと共に、脳裏に鮮明に焼きついている。

12

そして、ミスマッチ度においては、世界中の旅行者の中でもかなり上位にランクインされるに違いない、バリ島へ。

確かにバリの舞踊は、きらびやか、かつ優美なことこの上なく、俗世間のしがらみを全て忘れさせてくれるなどの、楽園の名にふさわしき効能はあった。聞けば、バリ舞踊は「神を楽しませるため」、「神と人間が共に楽しむため」、そして、「人間が楽しむため」の三つに分類されるのだとか。

全てが「楽しむ」でくくれてしまう、この精神が、いいじゃあないか。

「誰かに頼んで、自分のために何かしてもらおう」なんていったフィリピンでの黒魔術根性が気にくわなかった俺にとって、バリでのバカンスは、精神的、肉体的に非常に心地好いものとなった。

また、バリ舞踊のバックに流れるガムランの音色もいい。緻密な音のテクスチュアと音響のうねりとが、熱帯のうだるような暑さと共に、体内に入ってくる、あの感触がたまらない。

そうして、バリでの数日間のバカンスを心ゆくまで堪能し、気心の知れたこの島に後ろ髪を引かれつつも、香港への帰途についた。

ところが、ここに、ハプニングが待ち構えていた。全く、よくもまあ、行く先々でこれだけのハプニングに出会えるものである。ジャカルタのスカルノ・ハッタ空港の出国審査で引っ掛かってしまったのだ。

最初は言葉が通じず、何を言っているのかさっぱり分からなかったのだが、パスポートに問題があることだけは理解できた。

しばらくきょとんとしていると、英語の話せる係官が出てきて説明してくれた。

それによると、パスポートのビザが期限切れとなっており、一日オーバーステイしたことになっているとのことである。

係官にこう告げられた瞬間、頭の中を、あの台湾での辛い日々が駆け巡っていった。

こと、このビザ問題に関しては、数ヵ月にわたり台湾にて「血」を吐く思いをした俺ゆえ、非常にデリケートになっている。

多分、一瞬にして、顔色を失っていたことだろう。

が、さすが、南の国である。

彼らは、台湾の係官たちに、彼らの爪の垢を飲ませたくなるほどの柔軟性ある対応をしてみせてくれたのだ。

まず、係官たちが、どやどやとブースから出てきた。

何が始まるのかと思い身を固くしていると、彼らが、次に言い出したのは、

「有名な映画俳優であるあなたを取り囲んで、記念写真を一枚撮らせて頂けませんか」

だった。

つまりは、

「写真に一緒に写ってくれれば、見逃してやるぞ」

と解釈してよいらしい。

ひきつった笑顔で記念写真におさまると、その後、彼らの見送りを受け、香港行きの飛行機へと乗りこんだのだった。


香港、啓徳空港に到着。

待ち構えていた新聞記者たちがたくフラッシュに目を細めつつ、彼らの間をすり抜け、出迎えてくれたタンと共に、車に乗りこんだ。

韓国、フィリピン、そして、今回のこのベトナム——と、海外から帰ってくる度に、香港人記者からの取材攻めにあうようになっていた。

が、おかしなことに、こちらでの人気が高まりゆくにつれ、心は日本を恋しがった。

バリ旅行中、一時はおさまったかのように思えたこの思いも、乗った飛行機が日本ではなく香港へと降り立ち、啓徳空港にて、日本人ではなく、香港人の記者たちの出迎えを受けている頃には、もう、おさえがきかなくなっていた。

街中で日本の歌謡曲を耳にし、突然泣き出す、といった発作的郷愁ではなく、もっと、心の奥深い所、言うならば、根っことも言える部分が、日本の土壌を懐かしんでいるといった感じだった。

13

バリ島から帰国して、数日が経った。

タンとの穏やかな日々を送るうちに、日本への慢性的郷愁も幾分やわらぎ始めていた。

そんな、心落ち着く数日間が夢であったかのように、突如、異変が起こった。

激しい頭痛。
二、三日後には、そこに、激しい吐き気が加わった。
タンに付き添われ出かけた病院で、医者に診てもらったのだが、いかんせん、二人とも病気に関することを理解できるまでの語学力がなかった。

だから、医者が何を言っているのやら、皆目見当がつかない。

ましてや、激しい頭痛と吐き気に悩まされていては、頭は理解してくれようともしない。

とりあえずは、出された薬をもらって帰り、さっそく飲んでみたのだが、待てど暮らせど、その効果が発揮されることはなかった。

そんな時、頭の中を行き来するのが、あの黒魔術女。

このことをタンに話せば、きっと猛烈に心配するに決まっているから、言わないでいた。そして、

「コーヒーもパイも結局、口にはしていないのだから、かかりようがないはずだ」

と言い聞かせてみたり、

「いや、髪の毛を持っているかもしれないじゃないか」

と不安に駆られてみたり、といった、ベッドの上での数日が過ぎていった。

それからの二週間、激しい頭の痛みと嘔吐感が定期的に訪れ、横になって、ぼんやりしているだけの状態が続いた。

当然、食欲もない。

「これだけ苦しんでいるというのに、誰も何もしてくれようとしない。所詮、人間なんて、他人の痛みや苦しみには疎いものなんだ！　口では、心配しているようなことを言うが、このすごい痛みを本当に思いやってくれるのなら、もっと積極的になんとかしようとしてくれるはずじゃないのか！」

そんな、やり場のない怒りは、些細なことでも、すさまじい勢いで爆発した。その火の粉を一身に浴びねばならないのが、タンだった。勝手なもので、毎日、側にいてくれる人間だからこそ、何もしてくれない、役立たずな人間代表に見える瞬間があるのだ。せっかく来た出演依頼を断わらねばならなかった時など、ものすごい勢いで、ベッドの周囲のものを手当たり次第に、壁に投げつけた。

とにかく、アクションで食っている人間だけに、動けない、ということが一番こたえる。それも、治る目処が一向に立たない痛みに、なす術もなく、打ちひしがれているだけの自分が、たまらなく情けなかったのだ。

友人のホーが、腕が良いと評判の東洋医学の医者を見つけてきてくれたのは、そんな時である。

早速、ホーにも付き添ってもらって、診察を受け、ようやく、むち打ち損傷から来ている痛みと吐き気であることが判明した。

発症から三週間が経っていた。

おそらく、フィリピンでのロケ中に、後ろ向きになって倒れ、頸椎を強く打ちながら何の処置もせずに放っておいたのがたたったのであろう、とのこと。

その医者があっさりと言ってのけた「充分に静養すれば治る」との言葉に少々の疑心を抱きつつ、さらに一週間ほど横になって過ごした。

すると、徐々に痛みがおさまり始め、体の方もしっかりしてきた。

特に治療らしいことをせずに、後で再発しなければいいが……と心配していたものの、その後、特に何の症状も出ずに今日まできていることを考えると、やはり、ただのむち打ちだったのであろう。

イタリア長期ロケの話が舞いこんだのは、そんな折であった。

14

タンは猛烈な勢いで反対した。

そりゃあ、そうだろう。このむち打ち騒ぎで、一番辛い思いをしたのは、実は俺ではなくタンだ。俺は、ただ、頭の痛みと嘔吐感に耐え、イライラッとくれば、彼女にやつあたりしていればよかった。だから、症状が治まれば、後はきれいさっぱり何も残らない。それが証拠に、もう次の仕事のことを考えている。

ところが、俺のむち打ち発症時、つまり一ヵ月前の時点では、タンの香港での滞在期間はまだ二週間にも満たなかった。いくら順応性があるといっても、全く知らない土地に来たばかりの彼女にとっては、毎日が不安でしょうがなかったに違いない。そういった孤独感は、誰よりも俺が一番よく知っている。

そんな時に、最も頼りとなるべき人間が原因の分からない痛みに苦しみ、その病の床から、やつあたりしてくる。そして、ようやくそれが治まってきたかな、とほっと肩の力を抜きかけた矢先に、その男が海外、それもヨーロッパロケに長期のロケに出かける、と言い出したのだ。

彼女からしてみれば、

「お願いだから、ちょっと、待って」

といった思いでいっぱいであっただろう。

しかし、俺だって、ただ映画出たさで言っていたわけではない。確かに、今回持ちかけられた映画は、再び、ウー・シーユェン監督、ブルース・リャンと組んでの作品であり、そのことに多少の興奮を覚えていた。が、それだけではなく、こちらとしては、この一ヵ月あまり、苦労と心配をかけたタンに、優雅なイタリア旅行をプレゼントしたかったのだ。

フィリピンロケのように、原始人みたいな生活ではなく、街中の最高級ホテルでとびきり上等な休日を彼女に送ってもらいたかった。そして、遺跡や美術館を訪ね歩いたり、服の一着や二着も買ってやったりして、彼女が喜ぶ顔を見たかったのだ。

「看病してくれたお礼がしたい。イタリアに一緒に行ってくれ」

何度、彼女にそう話しても、彼女は行くとは言わなかった。

「あなたの体で、そんなハードな仕事はまだこなせない、絶対反対です」

と、首を決して縦にふってくれなかった。

もちろん、今なら、あの時のタンの気持ちが理解できる。心が疲れ切ってしまったタンに、必要なのは、慣れない異国でのバカンスなどではなく、ただの安らぎだった。香港でもかまわない、二人きりで、ゆっくりと過ごせる時間が欲しかったのだ。

が、当時の俺は若かった。

そんな彼女の心を推し量る余裕などあるはずもない。「俺のために」生まれ育った故郷を離れ、香港での生活を選んでくれたことに有頂天になっていた。

同時に、感謝の気持ちを、愛情を、何らかの形としてしか表わすことができなかった。

そして、どんな贅沢な旅行よりも、どんなきらびやかな服よりも、今はただ、彼女の心をぐっと抱きしめてやることの方が大切であるとは気付かなかったのだ。

そんな俺から、彼女の心が少しずつ離れていくのに、そう時間はかからなかった。

そうして、ヨーロッパ出発の朝を迎えた。

彼女は、

「ありがとう」

とだけ言い残し、一足先に空港に向かった。

台湾行きの飛行機に乗るために。

15

遠かった。

バンコク～ボンベイ～バクダッドを経由しての南回りでのローマ入りだ。

そのためには、たっぷり二四時間が必要で、タンが心配した通り、病み上がりの体にはかなりこたえる道のりであった。

が、一行の中に、すでに馴染みの顔が多く、彼らと交わす会話からは、「いい映画を創るぞ」といった覇気がびんびんと伝わってくる。

少々ほうけ気味の俺の顔も、このような環境と共に十何時間移動していれば、たとえ、肉体がぼろ雑巾のように疲れ切ろうとも、自然と、芯のほうはしゃんとしてくる。

それに、経由空港ごとのお国柄も楽しめ、旅はそれなりに愉快であった。

中でも、イラクでの出来事は傑作だった。

バクダッド空港での五時間の待ち時間を持て余していた俺たちは、旅行者らしく、

「皆で写真を撮っておきましょう」

といった時間使用法を選択した。

そして、その言い出しっぺが持っていたポラロイドカメラで記念写真を撮り、それを取り出

し、皆で眺めていた。

と、この一連の動きを、不思議そうな面持ちで逐一眺めていた、近くのイラク人が何か言ってきた。その様子から、どうやら、

「私もその珍しいカメラに写りたい」

と言っているようなのだ。

大体、当時のポラロイドカメラの大きさもいけなかった。

その妙なバカでかさも手伝って、いつの間にやら、我々の記念撮影の様子は、ロビー中の視線を吸い寄せていたらしい。

最初は彼一人だったのが、そのうち二人になり、三人になり…、そして、「なんだか分からないけど、とりあえず、参加しておこう」といった人々までもが、カメラを遠巻きにし出した。

まっ、彼ら同様、俺たちもロビーで時間を持て余している人間だ。

で、ロビーでの撮影大会の幕が切って落とされたというわけだ。

群がる人々の中から二人ずつ横に並んでもらって、次々に、シャッターを押していった。フラッシュがパッパパッと威勢よくたかれてゆき、さながら、その空間は町の写真館といったところだ。

ただし、フィルムは入れていない。

ロビー中の人間を撮り切れるほどの、大量のフィルムを持ち合わせていなかったため、ない知恵を絞って考え出した苦肉の策だ。言うならば、撮影大会ごっこである。

それでも、フラッシュがピカッと光ると、皆、満足そうにその場を離れ、次の人間に場所を譲り立ち去っていく。

俺たちも、俺たちなりに一生懸命、ロビー中の人間にフラッシュをたき続けた。

写真がカメラからペロンと出てこなくとも、皆、珍しげに近づいてきては、フラッシュを浴び、去っていく。

そういった人々が絶えることなく、二〜三人ずつ組になって次から次へと並ぶ。

「うん？　なんだか変だぞ」

そのことに気がついたのは、その撮影大会ごっこ開始後、約一時間が経過しようかという頃であった。皆が皆、大きくて立派なひげをたくわえているもんだから、気がつかなかったのだが、どうやら、二度目の人間も混じっているようなのだ。

「確かに、あの男はさっきも撮ったぞ」

他のメンバーもそのことに気付き出した。ただでさえ、次から次へと押し寄せるイラク人の襲来にうんざりしているというのに、そこに、二度目、三度目の人間に混じってこられてはたまらない。

そこで、再び皆が一計を案じ、次のような発表を行なったのだ。

「皆さん、今度はちゃんとフィルムを入れてお写ししますので、ご希望の方は、今から二時間後にまたこの場所に来て下さい」

と。

その意味をちゃんと理解してのことかどうかは不明だが、彼らはそれを聞くと、嬉しそうな顔して方々へと散っていった。

そして、二時間後。

もちろん、俺たちは、無事、ローマへ向かう飛行機の中だ。シャッターを押し疲れた指をなでなでしつつ。

余談だが、この頃サダム・フセインはどこにいたのだろう。仮にあの空港の連中の中にいたとしたら、俺はもう二度とイラクにはいけない。

16

ロケは、ゲリラ戦法でぐいぐいと推し進められていった。

「イタリアロケ」と言えば、聞こえは良いのだが、アクションには、とことんまでこだわる香港映画のこと、ロケが長期にわたることは必至で、不要な経費は削らなければならない。

実際、ホテルに泊まるのは高くつくから、と俳優陣、スタッフ共に、アパートメントでの、自炊、雑魚寝……といった貧乏生活を余儀なくされていた。

が、そんな境遇は、監督や役者の「良いアクションを撮るぞ」の熱き思いの前では、大した問題ではなかった。

それに、香港映画界の得意技、数々の「掟破り」を犯せば、大抵の問題はちっぽけなものとなった。

例えば、こうだ。

ローマ市内の名所旧跡で撮影を行うには、当然、役所の許可がいる。しかし、アクション映画の撮影許可は、申請したとしても、そう簡単には下りない。

でも、監督はやりたい。

となると、取るべき道は一つだ。

＊『無敵のゴッドファーザー
　　ドラゴン世界を征く』
1974年　恒生影業公司
監督／ウー・スーユェン
出演／ブルース・リャン他

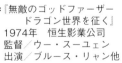

お巡りさんが通りかかる前に、撮影をすませちゃうのだ。

『無敵のゴッドファーザー　ドラゴン世界を征く』ならぬ、「無敵のウー監督、ローマを征く」なのである。

その最たるものが、渡欧後、初めての日曜日に行なったバチカン市国での撮影だった。

この日は、ローマ法王がテラスに出、民衆に対し笑顔をふりまく日とかで、サンピエトロ寺院の前、かすかにすり鉢状となった広場には、数千人、数万人にも上る群衆が集まっていた。

そして、我らがウー監督は、なんとも大胆に、この人々をエキストラとし、リャンと俺との激しいデッドヒートシーンを撮影しようと考えた。その上、テラスに現れたローマ法王も、ついでだからカメラに収めちゃおう、と。

もちろん、許可などない。

が、これは、さすがに少々無茶があったようで、途中、撮影隊は、警察に見つかり大目玉をくらってしまった。

とにかく、掟破りのゲリラ戦法ゆえ、リャンとの立ち回りのバックに、少々おかしなものが写りこんでしまっても、おかまいなしだった。

それにしても、『帰って来たドラゴン』で、神経質なほどダメ出しを続けていたあのウー監督と同一人物かと疑いたくなるほどに、大胆不敵な今回の戦法である。

まるで、街の悪ガキ軍団だ。

が、リハーサルなど望めないような舞台を用意されれば、俳優とは、自然、ボルテージが上がっていくように出来ているものらしい。

俺とリャンも呼吸がぴったりと合い、アクションは面白いほどに、次から次へと一発で決まっていった。

ムチ打ちから来る頭痛も吐き気も、すっかりおさまり、この頃には、体調もすっかり元に戻っていた。

仕事がこんなだと、皆で過ごすたまの休日もずっこけたものとなる。

二、三日の連休をもらった時のことだ。

数人のスタッフと一緒に、〈ヴェニスに小旅行〉と洒落こんでみた。

が、何の計画も立てずに、汽車に乗ってポッポッと出かけたものだから、着いた頃には夜の九時をすっかりまわってしまっていた。

それでも、闇の中に、教会のドームや水路に浮かぶアーチ形の橋たちがシルエットとなって浮かび上がるヴェニスの夜の風景は、巨大看板の灯りの下、人々が蠢く香港の夜の風景を見慣れている目には、充分、メルヘンチックに映った。

が、そんなのんきに異国の夜を鑑賞している場合でないことに、はたと気づいた。

まずは、今晩、泊まるホテルを探さなくてはならない。

スタッフの中には、予約の電話を入れておくなどといった、気の利いた奴は誰もいないのだ。

そして、一軒目のホテルへと入っていってから、またある事に、はたと気づいた。

ローマからヴェニスへの国内間の移動ということで、皆、身分証代わりとなる、パスポートを置いてきてしまったのだ。

パスポートもない、予約もないといった東洋人の集団が、夜更けに、ずらずらとやって来、

「空いている部屋はないか」

と聞いたところで、答えは決まっていた。

「ノー」

だ。

どこのホテルでも、皆、うさんくさげな視線を投げかけてきた後、横に首を振るばかり。途方に暮れつつも、ホテルからホテルへと夜のベニスの街を歩き続けた。

と、夜中の十二時を回る頃、警察の職務質問を受けた。

言葉が理解できない俺たちは、そのまま警察へと連れていかれ、そこで、一夜を明かすこととなる。

その時ほど、留置所がありがたく感じられたことはない。

イタリアの警官たちも大体の経緯を察し、哀れな東洋人に優しく接してくれたのか、全員をまとめてそっと同房に入れ、翌日には、ローマ行きの列車に乗れるよう、駅まで見届けてくれた。

まっ、言ってみれば強制送還なのだが、後から思えば、このヴェニス行きで使ったお金は、往復の旅費だけ。

ゆえに、ヴェニスについて語れるのは、夜、到着した時の街の情景だけなのである。

それでも、やけに、印象に残る旅なのであった。

17

一九七四年一月も終わろうかという頃。

香港撮影隊がローマの街中を、颯爽、かつ、こそこそと駆け回って、早一ヵ月が過ぎようとしていた。

この頃には、ウー監督の映画創りにかける情熱は、すっかり撮影隊全員に乗り移っており、同じ皆で「こそこそ」するにも、そこには、一ヵ月前の動きとは明らかに異なる、よく訓練されたゲリラ部隊さながらの気迫が漲り始めていた。

もっとも、仕事のオフ、オンに関係なく、俺たちが「怪しい東洋人」であることに変わりはなく、この撮影隊の統率感溢れる行動も、未許可での撮影の手口がより巧妙になっただけという見方もあるのだが……。

とはいえ、テルミニ駅、スペイン広場、トレヴィの泉、フォロ・ロマーノ…といった観光名所はもちろんのこと、野良猫だって利用していまい、と思えるような路地にもその暗躍の場を広げ、撮影は快調にそのスケジュールを消化しつつあった。

そして、俺の人生を導いていた舵を、誰かが大きく大きく動かしたのは、おそらく、この時だ。

「ギギギギィー」

耳を澄ませば、こんな音が聞こえてきたかもしれぬほど、大きな大きな方向転換が図られていた。

もちろん、撮影クルーを導くウー監督に従い、ひたすらアクションに没頭していた俺に、この音が聞こえるはずはなかった。

そして、数週間が経過。

それが、エアメールとしての形をとり、ローマまでやって来た。

差出人は『松竹富士映画』。

そう、その名が高らかに告げる通り、そのメールは、まぎれもなく、俺の根っこの部分がこの数ヵ月間、懐かしみ、そして、その養分を朝も昼も執拗に求め続けていた、「日本」の映画会社から差し出されたものであった。

香港を拠点とし、台湾、韓国、フィリピンにて、それなりの実績を挙げてきたにもかかわらず、一度たりと接触を持とうとすることのなかった、が、どこにいても忘れることのできなかった我が祖国「日本」がはるばるローマにいる俺を追い求め、差し出してきた手紙。

その純然たる事実を前にした時、正直、そこに何が書かれているかはどうでもよくなり、ただ、そこにある「日本」をころころと頭の中で転がしてみるだけで、しばらく幸せな気分に浸っていれた。

とはいえ、開封する。

一瞬、郷愁にぽっとりとはまりこんだ心も、一旦作業に入ってしまえば、やはり、どうしようもなく逸るもの。

この「日本」を包む封筒は、わずか数秒後には無残に裂かれ、床に散っていくことになる。

そして、取り出された紙には、次のような文字が並んでいた。

「あなたの出演されている香港映画『帰って来たドラゴン』が、この度、日本にて上映されることが決定いたしました。よって、宣伝活動を展開していきたいと考えております。つきましては、貴殿に、ご協力いただきたく、早々のご帰国をお待ちしております」

数秒間を要した後、頭の中にぼんやりと浮かび上がってきたのは、「凱旋帰国」の四文字。

今から思えば、富士映画からの手紙が手元に舞いこんできた時点で、この展開を一度思い描いてみることもできたはずだった。

が、「日本」からの手紙ということに全てのウエイトを置き切った心は、この文面を見た瞬間、決して、かまととぶるわけではなく、あらためて、激しく揺さぶられた。

そして、「凱旋帰国」の四文字が頭の中ではっきりとした輪郭をとったその時、ようやく準備を整えたのだろう。腹の底から、おもむろに、熱い固まりが、グワーンと沸き上がり、やがては、それが体中をものすごい勢いで駆けめぐり始めた。

その猛烈なスピードに合わせるかのようなハイペースで、大絶叫と共に香港の啓徳空港に降り立って以後に、俺が体験してきた出来事が、頭の中をフラッシュバックしていく。

ショウ・ブラザーズスタジオでの何でもない日常の一コマであったり、黒社会の連中に頬にナイフをグイグイと押しつけられている絶体絶命の瞬間であったり、そうかと思えば、マカオ湾の夕陽が織り成すオレンジ色の世界にたゆたう一時であったり……と、それらには、何の脈絡もなかった。

が、どれもこれもが、鮮やかな色彩と、その時々に交わした人々との言葉とを引き連れて、脳裏にまざまざと蘇ってきた。

その思い出たちのあまりに絶え間のない襲撃に、ふと、俺の人生がこれで閉じられていくのではないかという錯覚に陥ったほどだ。

二月。

俺の生まれ育った関東の街々に春が告げられるには、まだ幾分早い頃。

ローマにいる俺に届けられた日本からのエアメールは、春雷が冬の終わりを自然界のすみずみに高らかに告げるがごとく、体のすみずみに、長い旅が終わりゆくことを告げていた。

エピローグ

一九七四年二月。

俺を乗せた飛行機は、はるばる大陸からの旅を終えた充実感と安堵感とを漂わせ、気持ちよさげに羽田の滑走路を流していた。

すでに、顔は涙でぐしゃぐしゃだ。

雲の中に悠然とそびえ立つ富士山の姿を目にした時から、頬に伝い落ちる涙を止められずにいた。

実に三年半ぶりの日本である。

それも、「帰ってきて下さい」と頼まれての帰国、文句なしの凱旋帰国だ。

これが、泣かずにいられようか。

この頃、日本は、遅ればせながらのブルース・リー・ブームにわきたっており、これに便乗して次なるカンフー映画の公開が待たれていた。

そして、今回、日本上映が決定した俺の出演映画とは『帰って来たドラゴン』であり、くしくも、この知らせを受け取ったその時に、ローマのロケ地で共に過ごしていた仲間、ウー監督、ブルース・リャンらとのかつての共演作品であった。

この日本からの知らせを彼らも大いに喜んでくれ、ロケの途中、それも、我らゲリラ部隊の士気が最高潮に達している真っ只中に、快く日本に送り出してくれたのだ。

別れ際に見せてくれた彼らの笑顔をぼんやりと思い浮かべる俺の前に、映画会社が差し向けてくれた迎えの車が滑り込んできた。

ひとまず、実家へと送り届けてくれるとのこと。

車内では、早速、明後日から始まるキャンペーンの日程が手渡された。

帝国ホテルでの記者会見を皮切りに、テレビ出演、雑誌インタビューとこの先数週間の予定がぎっしりだ。

何だか、夢の中にいるようだった。

この時、香港、台湾、そして、東南アジアの国々でのこれまでの出来事全てが、一連の長い長い夢の中の出来事であるような気がしていた。

そんな気持ちのままに、数時間車に揺られ、実家のある大宮に到着。

おやじも俺も、お互いあまりに久しぶりに顔を見るものだから、何を話してよいのやら、もじもじと落ち着かない。

日本から数ヵ月おきに届く手紙の中では、どうでもよいことばかり、だらだらと書き連ね、あれほど雄弁であった、おふくろまでもが、もじもじと落ち着かない。

その日の夕食から、キャンペーンが本格的に始動する、翌々朝までの我が家の食卓は、俺の好物のオンパレードだ。

久々に口にする、おふくろの味は、胸を一瞬にして熱くし、その数日間を、さらにふわふわと落ち着かない気分へと誘った。

そんな「もじもじ親子」が、お互いに馴染み始めた頃、俺は、記者会見の行われる帝国ホテルへと向かった。

車から降り立ち、この時になってようやく、三年と六ヵ月前、ショウ・ブラザーズのオーディションを受けたのも、ここ帝国ホテルであったことを思い出し、しばし呆然とした。

そう、ここから全てが始まったのだ。

合格の知らせを受け、ショウ・ブラザーズ東京支社の人間二人に見送られ、日本を発ったしがない俳優が、三年半が経過した今、松竹富士映画の宣伝担当、梶原氏に迎えられ、記者会見を行うために、再びこの帝国ホテルに足を踏み入れようとしている。

記者会見場には、「日本が生んだスーパースター倉田保昭」の文字が躍るポスター。

司会者の指示を受け、記者会見場の中へ一歩足を踏みこむ。

と、同時に、目を開けておくことができないほどの、フラッシュが次から次へとたかれていき、眼前にまっ白い世界が広がった。

日本帰国時からこの数日の間、ずっとふわふわと落ち着かない世界にいた俺は、この瞬間、ようやく、それが、まぎれもない現実であることを認識する。

そして、その光が、あたかも催眠状態をとく合図であったかのように、全身を誇らしい思いがかけ抜けた。

そして、背筋を伸ばし、胸を張り、眼前に広がる光の世界へ、ゆっくりと、足を踏み込んでいった。

あとがき

日本の若者とは違ったはみ出し方をしてやろう――この思いは、売れない役者としてくすぶっていた二五歳の私を、全く未知の世界である香港映画界へ飛びこませました。

そして、この決断が、一九七〇～七四年の約四年間、現在ほど「アジア」がメジャーでなかった当時において、文句のつけようのないほどに、大きな「はみ出し」をもたらしてくれたことは、本書に書いたとおりです。

『帰って来たドラゴン』の宣伝のため帰国した私のもとには、この後、『闘え！ドラゴン』や『Gメン75』といった、日本のテレビシリーズへの出演依頼が舞いこむようになりました。

香港カンフー映画が、ブルース・リーの死の後、急速に元気を失い始めていたこともあり、はからずも、活動の場は日本へと移行されていきます。

が、一部の日本の映画人からは、「何だ、アジアの映画か、この程度なら日本映画の方が優れている」といった優越感がありありと伝わってきましたし、撮影中、何度となく、日本の持つ規格から、大きくはみ出てしまった自分自身を突きつけられもしました。

例えば、アクション重視、セリフはオーバーに、といった香港映画に対し、日本では、アクションはトリックでごまかして、台詞を中心に据えた芝居が要求されます。香港では、「日本ではこんな大げさな芝居はしない」などと反発し、即座に「ここは日本ではない」と返されていた私でしたが、それでも、知らず知らずのうちに、オーバーな台詞まわしが身についてしまっていたのでしょう。そして、香港とは逆に、「香港ではこうやっていた」と言うと、「ここは日本だから」と返されてしまうわけです。

この両国間のギャップに、ずいぶん悩みもしましたが、「でも、これだけは、香港の方が勝っている」と断言できるものがありました。

それは、映画創りにかける熱いエネルギーです。日本映画のまるまるリメイクであったり、二番煎じ、三番煎じであったり…と、香港映画界は、興行成績を見こめる企画とあらば、なりふりかまわず、それがたとえ常軌を逸していようとも、ただただ前進あるのみなのです。

テレビ番組「Gメン75」の香港ロケにて、ウー・シーユェン監督に出会った時のこと。

彼は、ある若手が主演する映画の試写を見せてくれました。その若手とは、私とブルース・

リーとが話す様子を遠巻きに見ていたような、私のずっと後輩にあたります。そんなこともあって、その映画を何気なく観始めた私でしたが、映画が進むにつれ、彼のコメディータッチのカンフーと、なんとも愛敬のある魅力的な笑顔とにぐいぐいと引き込まれていきました。あの男が主役として、これほどに素晴らしい演技をしようとは…。正直、驚きでした。映画終了後も、驚きと感動のあまり、しばらく椅子から立ち上がれなかったほどです。そう、これは、ジャッキー・チェン主演の映画『酔拳』を初めて見た時のエピソードです。彼の映画が、その後、次々とヒットを飛ばし、香港映画界全体を活気づかせたことは、皆さんもよくご存じのとおりです。

ジャッキー・チェンとは、この数年後、香港映画『七福星』にて共演が実現、妥協を許さぬ彼とのアクションシーンは、延々、四日間にもわたり、終了後、二人でがっちりと握手を交わした時の感動が、昨日のことのように、はっきりと思い出されます。この『七福星』からは、現在、アジア規模でのスーパースターとなった、アンディ・ラウがデビュー。また「香港ノワール」と称される、香港ニューウェーブの先駆けとなった映画、『男たちの挽歌』のチョウ・ユンファ、そして、八十年代前半『少林寺』の主役として時代の寵児となった、リー・リンチェイなどといった面々とも共演したことがありますが、皆、それぞれに、スター性溢れる実に魅力的な俳優たちでした。さらに、『男たちの挽歌』のジョン・ウー監督は、私のデビュー作品でもある『悪客』にて、優秀な助監督を務めていた人物です。

このように、現在、私たちの目の前には、「東洋のハリウッド」などとも呼ばれ、各国の映画祭で賞を独占、欧米でも次々と成功を収めゆく香港映画界の姿があります。が、それにしても、これほどまでに次から次へと魅力的なスターたちを輩出することのできる、秘訣はいったい何なのでしょう。

映画にかける熱いエネルギーもさることながら、私には、個性を尊重する香港の風土が一番に影響しているように思えてなりません。そもそも、あちらではセールスポイントを前面に押し出さないと、魅力のない人間と見なされます。それでいて、役者同士が、妬みから足を引っ張り合うようなことも不思議とありませんでした。何より彼らには、そのスタイルが良いと思えば、とことん真似する柔軟な知識欲が健在で、その視線は、かつて欧米諸国のみを見つめていた日本のそれとは大きく異なります。例えば、フィリピン、タイにてハリウッド方式で撮影し、それらを無国籍映画として海外に広くセールスする……といったぐあいに、彼らの目は常時世界に向けられているのです。

そして、この途方もなく広い視野は、一九九七年――つまりは今年七月までを、「借り物の土地」で、「借り物の時間」を過ごした、彼らならではの、とんでもなくハイレベルな柔軟性からきていると考えられます。

彼らの映画創りにかける熱気は、正直、よく暴走もし、乱闘騒ぎは日常茶飯事でした。その際には、「喧嘩はするな。ただし、自分を、そして、家族を守るためには死に物ぐるいで闘え」との、父の教えが良き指針となったものです。が、逆に、あの香港の人々のストレートな感情の発露に、私の方も知らず知らずに、人生の指針となるような多くのことを教わっていたように思います。

昨今、『猿岩石』の影響か、若者たちの間では、「海外貧乏旅行」がブームだと聞きます。大賛成です。いや、若い間は大いに海外を、もしくは、それに値する空間を放浪すべきです。人の視界とは、そうでもしなければ、なかなか広がりゆかぬものですから。

この『和製ドラゴン放浪記』を上梓するに至った最も強い動機、そして不慣れな執筆活動に苦しむ私を何度も何度も支えてくれたのは、若者へのこの思いであったように思います。

最後に、この紙面を借りて、大変お世話になった国際通信社の安楽友宏社長、そしてスタッフの方々、友人の芝崎猛志氏に心からお礼を申し上げます。

一九九七年六月

復刻に寄せて

一九九七年七月に出版された『ドラゴン放浪記』から二七年の時が過ぎてしまいました。その間、世界は動き、大変な変わりようです。終わりなき戦争は続き（罪）もない人々が死に追いやられてしまうのを見るのは、大変辛いものです。

今はただ平和を祈るばかりです。

さて、私が香港から帰国して、早くも半世紀が過ぎ、まさに「光陰矢の如し」アッという間でした。

七月二六日から「新宿武蔵野館」他、全国でロードショー五十周年記念作品『帰って来たドラゴン』が上映されます。この映画が作られたのは一九七三年から一九七四年にかけてと記憶しておりますが、その私も七八歳になってしまいました。

幼い頃から、人のやらないような事を成し遂げたいとばかり考えていた私でしたが、その気持ちは今も変わりません。

家族にはもう歳なんだから、いい加減にしたらと言われても、撮影の「イベー、キャメラ」の掛け声を聞くと、途端に競走馬のように突っ走ってしまいます。

ほぼ毎日のようにジムに通い、空手の稽古、アクションの稽古の毎日です。

まだまだ若者のようになりたい一心で、腹筋や肩の筋肉をつけ、時々鏡を見るたびに「変な老人」と、自分でも認めざるを得ません。これも、私を健康に生んでくれた両親に、感謝・感謝の毎日です。


映画の上映と共に、こちらの本も再出版され、果たして若い人達が映画を観にいらしてくれるか不安はありますが、この映画の頃はＣＧもワイヤーも何もなく、ブルース・リャンと私で一ヵ月以上アクションを繰り返し、監督のウー・シー・イェンさんには「俺達を人間と思っているのか！」と内心思うほど、超ハードな撮影でした。こんな昭和の汗を感じてもらえたら最高です。是非映画館に足を運んで頂けたら幸いです。

この本の再出版にご尽力下さったスタッフの方々、国際通信社・安楽友宏会長、そして協賛下さったアートポートインベスト・松下順一会長には、心から御礼申し上げます。

押忍。

二〇二四年七月

倉田保昭

Yasuaki Kurata Filmography

制作年度	邦題	原題	監督	製作国
1967	**続・組織暴力**	ORGANISED VIOLENCE 2	佐藤純弥	日本
1971	**悪客**	悪客	チャン・チェ	香港
1972	(日本未公開)	**猛虎下山**	ウー・シーユェン	香港
	(日本未公開)	**小拳王**	クン・ミン	香港
	武道大連合 復讐のドラゴン	方世玉	チャイ・ヤンミン	香港
	(日本未公開)	**餓虎狂龍**	ウー・シーユェン	香港
	四騎士	四騎士	チャン・チェ	香港
1973	(日本未公開)	**一拳一塊錢**	リン・フーチ	台湾
	(日本未公開)	**死對頭**	チェン・ロン	台湾
	(日本未公開)	**除暴／狂龍出海**	チェン・ホンミン	台湾
	(日本未公開)	**狼對狼**	ワン・ホンチャン	台湾
	倉田保昭の激怒の鉄拳	怒雙衝冠	ホウ・チェン	台湾
	(日本未公開)	**強中手**	チェン・ホンミン	台湾
	ドラゴンVS不死身の妖婆	英雄本色	チン・シンシー	香港
	(日本未公開)	**麒麟掌**	タン・チー	香港
	(日本未公開)	**趕盡殺絕**	ユエ・フォン	香港
	用心棒ドラゴン	大小通吃	カオ・パオシュ	香港
	(日本未公開)	**女英雄飛車奪寶／七對一**	ホウ・チェン	台湾
	(日本未公開)	**飛虎小霸王／空中武士**	タン・シェン	台湾
	(日本未公開)	**黑豹**	ホウ・チェン	香港
	女ドラゴン！血闘の館	雙面女煞星	ワン・ホンチャン	台湾
	(日本未公開)	**虎拳**	チェン・ロン	台湾
1974	**倉田保昭の大追跡**	大追蹤	チャン・メイチュン	台湾
	(日本未公開)	**兩虎惡鬥**	チェン・ロン	香港
	(日本未公開)	**大小遊龍**	ホウ・チェン	香港
	帰ってきたドラゴン	神龍小虎闖江湖	ウー・シーユェン	香港
	無敵のゴッドファーザー ドラゴン世界を征く	香港小教父	ウー・シーユェン	香港

Yasuaki Kurata Filmography

制作年度	邦題	原題	監督	製作国
	直撃！地獄拳	THE EXCUTIONER	石井輝男	日本
	女必殺拳　危機一発	SISTER STREET FIGHTER IN DANGER	山口和彦	日本
1975	（日本未公開）	**金三角龍虎門**	ロウ・ケイ	香港 フィリピン
	闘え！ ドラゴン	神拳飛龍	ペン・チェン	香港
	帰って来た女必殺拳	RETURN OF THE SISTER STREET FIGHTER	山口和彦	日本
1976	**必殺女拳士**	DRAGON PRINCESS	小平裕	日本
	武闘拳　猛虎激殺！	WHICH IS STRONGER, KARATE OR TIGER	山口和彦	日本
1977	**少林寺マスター／少林寺必殺舞扇拳**	方世玉大破花椿	オー・ユンチュン	台湾
	（日本未公開）	**男猛**	ジョセフ・クォ他	インドネシア
	こちら葛飾区亀有公園前派出所		山口和彦	日本
1978	（日本未公開）	**撈家撈女撈上撈**	リー・ツォーナン	台湾
	少林寺VS忍者	中華丈夫	ラウ・カーリョン	香港
1980	**倉田保昭の「カンフー大作戦」**	懲罰	キャノン・マン	香港
	（日本未公開）	**情劫**	スティーヴン・シン	香港
1981	（日本未公開）	**上海灘大爺**	リー・ツォーナン	台湾
	（日本未公開）	**孽種**	カオ・パオシュ	台湾
	激突！少林拳対忍者	飛刀・又見飛刀	テイラー・ウォン	香港
	地獄のニンジャ軍団 クノイチ部隊	亡命忍者	リー・ツォーナン	台湾
	ええじゃないか	ええじゃないか	今村昌平	日本

Yasuaki Kurata Filmography

制作年度	邦題	原題	監督	製作国
1982	**激突！ キング・オブ・カンフー**	霍元甲	イェン・ウーピン	香港
	忍者外伝 倭寇掃蕩作戦	忍術	フィリップ・クォク、 ジャン・シエン、 ルー・フェン	台湾
	レディ・ニンジャ 2/夜霧の忍び凧	飛簷走壁	トミー・リー	台湾
1983	（日本未公開）	**黑玫瑰**	トミー・リー	台湾
	悪漢探偵2	最佳拍檔大顯神通	エリック・ツァン	香港
1984	（日本未公開）	**至尊神偷**	トミー・リー	台湾
	ニンジャ・サンダーボルト 裏切りと復讐の暗殺集団	NINJA THUNDERBOLT	ゴッドフリー・ホー	香港
1985	**七福星**	夏日福星	サモ・ハン	香港
	MISHIMA	MISHIMA: A LIFE IN FOUR CHAPTERS	ポール・シュレイダー	アメリカ
1986	**悪漢列伝**	歡樂龍虎榜	チュー・イエンピン	台湾
	冒険活劇 上海エクスプレス	富貴列車	サモ・ハン	香港
	セブンス・カース	原振俠與衛斯理	ラム・ナイチョイ	香港
	植村直己物語	THE NAOMI UEMURA STORY	佐藤純弥	日本
1987	**イースタン・コンドル**	東方禿鷹	サモ・ハン	香港
1988	（日本未公開）	**金裝大酒店**	ジェフ・ラウ	香港
	ぼくらの七日間戦争		菅原比呂志	日本
1989	**ファイナル・ファイト 最後の一撃**	最後一擊／BLOOD FIGHT	後藤秀司	日本
1991	**極道追蹤 暴龍 in 歌舞伎町**	極道追蹤	アン・ホイ	日本
	静かなるドン		鹿島勤	日本
	死神の使者 DEATH MESSENGER		成田裕介	日本

Yasuaki Kurata Filmography

制作年度	邦題	原題	監督	製作国
1992	静かなるドン2		鹿島勤	日本
	静かなるドン3		鹿島勤	日本
	静かなるドン4		鹿島勤	日本
	ブルドッグ	ABOVE THE WAR	ケン・ワタナベ	日本 フィリピン
	パッパカパー		市川徹	日本
1993	となりの凡人組		伊藤裕彰	日本
	静かなるドン5		鹿島勤	日本
	中指姫 俺たちゃどうなる?		堤幸彦	日本
1994	フィスト・オブ・レジェンド 怒りの鉄拳	精武英雄	ゴードン・チャン	香港
	ザ・格闘王		ショー・コスギ	日本
	静かなるドン6		鹿島勤	日本
	となりの凡人組2		伊藤裕彰	日本
	となりの凡人組3		伊藤裕彰	日本
	パッパカパー2		市川徹	日本
	パッパカパー3 神様奇跡をありがとう! 岩手水沢編		清水利晃	日本
	パッパカパー4 梅は咲いたか、桜はまだか…山梨塩山編		市川徹	日本
1995	闇ゴルファー2 黄金のパター		中島紘一	日本
	1・2の三四郎		市川徹	日本
1996	静かなるドン7		鹿島勤	日本
	静かなるドン8		鹿島勤	日本
	静かなるドン9		鹿島勤	日本
	静かなるドン10		鹿島勤	日本

Yasuaki Kurata Filmography

制作年度	邦題	原題	監督	製作国
1998	**ズッコケ三人組 怪盗X物語**		鹿島勤	日本
1999	**静かなるドン THE MOVIE**		鹿島勤	日本
2000	**ゴッド・ギャンブラー／東京極道賭博**	中華賭俠	チン・シウトン	香港
	捜査四課対広域暴力団		早川喜貴	日本
	銀座ミッドナイトストーリー ゆーとぴあ 赤い蝶		辻裕之	日本
2001	（日本未公開）	**暗門**	ルク・キムミン	香港
2001	**静かなるドン11**		鹿島勤	日本
2001	**静かなるドン12**		鹿島勤	日本
2002	**クローサー**	夕陽天使	コリー・ユン	香港 アメリカ
	SAMURAI	SAMOURAIS	ジョルダーノ・ジェデルリーニ	フランス
2003	**風雲！格闘王**	安娜與武林	イップ・ワイマン	香港
	黄龍　イエロードラゴン	YELLOW DRAGON	鹿島勤	日本
2005	（日本未公開）	**天煞孤星**	ツイ・シウミン	中国
2006	**マスター・オブ・サンダー 決戦!! 封魔龍虎伝**	LEGEND OF SEVEN MONKS	谷垣健治	日本
	轟轟戦隊ボウケンジャー THE MOVIE 最強のプレシャス		諸田敏	日本
2009	**新宿インシデント**	新宿事件	イー・トンシン	香港
	ラスト・ブラッド	BLOOD: THE LAST VAMPIRE	クリス・ナオン	香港 中国 フランス
2010	**レジェンド・オブ・フィスト 怒りの鉄拳**	夜行俠陳真／精武風雲 陳真	アンドリュー・ラウ	香港 中国
	バトルハッスル		浅井宏樹	日本
	柔術～JYU JITU		浅井宏樹	日本

Yasuaki Kurata Filmography

制作年度	邦題	原題	監督	製作国
2011	**レッド・ティアーズ**	RED TEARS／MONSTER KILLER	辻本貴則	日本
2012	**ラスト・シャンハイ**	大上海	バリー・ウォン	香港・中国
2013	**キング・オブ・ヴァジュラ 金剛王**	金剛王	ロー・ウィンチョン	香港・中国
2015	**KIRI －「職業・殺し屋。」外伝－**	女殺手KIRI: 血腥復仇／KIRI - PROFESSION: ASSASSIN	坂本浩一	日本
2017	（日本未公開）	**絕世高手**	ルー・チャンユー	中国
	戦神 ゴッド・オブ・ウォー	蕩寇風雲	ゴードン・チャン	香港 中国
	（日本未公開）	**空手道**	チャップマン・トー	香港
	マンハント	追捕	ジョン・ウー	中国
	（日本未公開）	**天目危機**	ウォン・チンポー	中国
2018	**狂獣 欲望の海域**	狂獸	ジョナサン・リ	香港 中国
	ミッション・デブポッシブル！	胖子行動隊	バオ・ベイアル	中国
	アイスマン 宇宙最速の戦士	冰封俠時空行者	イップ・ワイマン	香港 中国
	ゴールデン・ジョブ	黄金兄弟	チン・ガーロウ	香港 中国
2019	**BLACKFOX: AGE OF THE NINJA**	BLACKFOX: AGE OF THE NINJA	坂本浩一	日本

〈著者略歴〉

倉田 保昭（くらた やすあき）

1946年茨城県生まれ。

日本大学芸術学部卒業。

1970年香港ショウ・ブラザーズのオーディションに合格し、映画『悪客』で香港デビュー。2024年現在まで海外作品に多数出演。

2017年中国映画『ゴッド・オブ・ウォー』で香港電影評論学会大奨の最優秀男優賞を受賞し、その年の香港映画祭で2作品が助演男優賞にノミネートされる。

2024年レイクシティ（インド）国際映画祭では、『夢物語』がベスト短編映画賞を受賞。78歳の今も現役のアクション俳優を続ける。

帰って来たドラゴン

2024年 7月 24日　第1刷発行

著　　者　倉田保昭
発 行 者　中黒靖
発 行 所　株式会社国際通信社HD ／株式会社IED
〒550-0012　大阪市西区立売堀1-7-18　phone 06-6536-3811
発 売 所　株式会社星雲社（共同出版社・流通責任出版社）
〒112-0005　東京都文京区水道1-3-30　phone 03-3868-3275
印刷／製本　株式会社 朝日印刷

落丁・乱丁本はお取替え致します

ISBN978-4-434-34285-1 C0026 ￥2500E